小川仁志——著

洞察人際關係的中國哲學

從哲學史、名著到專門用語，建立理性思考模式的6大工具

余亮誾——譯

致理科技大學應用日語系副教授
工藤卓司——審定

前言　讓哈佛學生也瘋狂的最強思考工具

現在美國名校哈佛大學的菁英們正熱衷於以中國哲學為題的課程，忘情講授中國哲學精隨的邁克爾・普鳴（Michael Puett）教授的課堂上總是座無虛席。

哈佛的學生為什麼對中國哲學如此熱衷？理由很簡單，因為中國哲學的基本想法與西方想法，也就是西方哲學的想法大相逕庭。正因為這樣，哈佛的菁英們才想學習自己不知道的嶄新看法、思考法。

或許可以把中國哲學理解成在悠長的歷史中，中國先賢們思索生活態度的知識結晶吧！但絕非特殊且具疆界性，而是普遍且具全球性。關於這點，相信閱讀本書後就能深刻理解。孔子、老子等思想家談論的生存之術並非專指中國人，而是以這個世上所有的人為對象。沿用那份精神，**本書既然介紹中國哲學全貌，也以對生活態度感到煩惱的所有人、想要活得更好的所有人為對象。**

此外，撰寫本書時也特別留意商務領域、以任何形式與中國連結的讀者、關心中國的讀者。一如哈佛菁英們關心中國哲學的背景中也包含中國崛起，在政治、經濟、軍事對美國產生威脅。正因為是聚集在哈佛的菁英，對中國的競爭議題更加敏感。之後出社會，與中國人抗衡時，什麼是必要的？怎麼做才能贏過他們？為了獲得啟發才會如此熱衷吧！

本文也會提到孫子說的「知彼知己，百戰不殆」。若能詳知敵方之事，往往能獲得勝利。如同這句話的意思，哈佛的菁英們是為了瞭解敵人才如此努力。

從這個角度來看，對於在世界經濟上爭奪二強，同為亞洲國家且歷史上也具密切關係的日本而言或許更需要。就某種層面來說，比起美國菁英，中國哲學是日本菁英甚至所有商務人士，都應該知道的常識。

此外，中國經典中充斥著跨越時代與領域，可以通用的普遍知識，因此日本經營者中不乏喜愛《論語》、《孫子》的人！《韓非子》、《菜根譚》也相當具人氣。

同時誠心希望各位讀者能學習人類引以為傲，名為中國哲學的思考工具，培養慎思的能力，並且擁有充實的生活。

最後容我簡單說明本書結構。本書除了古典之外，也會從中國哲學的歷史、人物、關鍵詞等各種角度介紹中國哲學的概要，並點出如何活用那些知識。換言之，通過這一本書就能通曉中國哲學、知道如何在人生或商場中活用中國哲學，可以說是決定版。

本書結構

《本書結構》

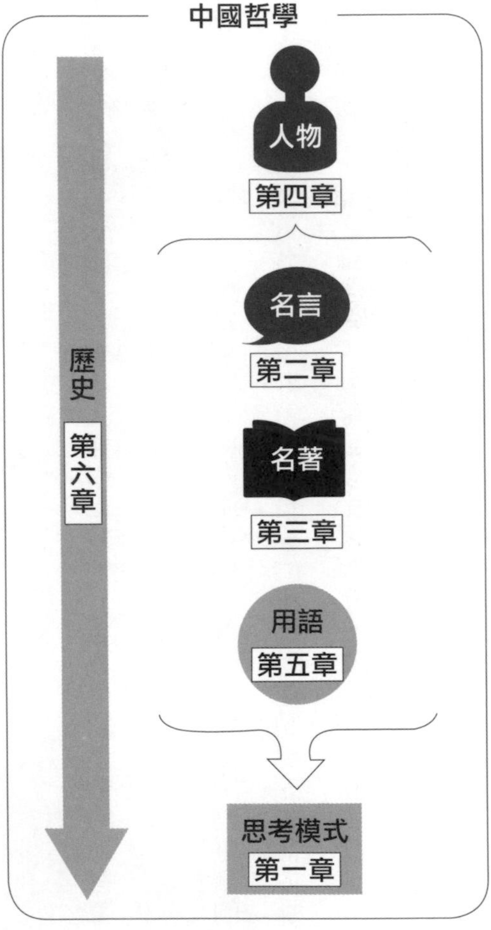

第一章會著眼中國思想中氣、禮、仁、孝、天、法、道、義這八種主要概念，一一介紹那些深存人們之間，至今仍為中國所獨有的思考模式。

第二章介紹中國哲學中的名言，每一主要人物有兩句，共計二十句。

第三章介紹應該稱為中國哲學知識結晶的二十部古典名著，選擇上盡可能不偏向同一時代。

第四章會舉出中國哲學二十位主要人物，介紹他們的小檔案。

第五章介紹中國哲學二十個精選關鍵詞。

第六章為了統整，會依照中國歷史演進，分成春秋戰國／秦、西漢／東漢、三國時代／晉／南北朝、隋／唐、宋、元、明、清、近代（從鴉片戰爭至中華人民共和國成立）、現代（從中華人民共和國成立至現在），共十階段，介紹思想的演變。考量也有想先瞭解演變的讀者，所以在編排上花了心思，由於著重思想的漸進演變、形成固定，因此與一般歷史學的分法略有不同。此外，從第二章起各章的項目、人名選擇等等都盡可能避免重複，因此可能出現非首選內容，而首選內容卻是在別章詳細介紹的情況，這部分還請先諒解。

《年代略表》

年	六章的 時代區分	第四章舉出的 主要人物
西元前 722 ～西元前 207	春秋戰國 秦	孔子　孟子　荀子 墨子　老子　莊子 孫武　韓非
西元前 206 ～ 207	西漢 東漢	董仲舒　司馬遷
220 ～ 589	三國時代 晉 南北朝	鳩摩羅什
581 ～ 907	隋 唐	
960 ～ 1279	宋	朱熹　陸九淵
1271 ～ 1368	元	
1368 ～ 1644	明	王守仁
1616 ～ 1912	清	梁啟超
1840 左右～ 1949	近代	孫文　魯迅
1949 ～現代	現代	毛澤東　鄧小平 汪暉

第3章

中國哲學的名著

我非生而知之者，好古，敏以求之者也。／不患無位，患所以立；不患莫己知，求為可知也。／至誠而不動者，未之有也。／由仁義行，非行仁義也。／兼相愛，交相利。／仁人之事者，必務求興天下之利，除天下之害。／上善若水。／太上，下知有之，其次親而譽之，其次畏之，其次侮之。／不知周之夢為胡蝶與，胡蝶之夢為周與。／人皆知有用之用，而莫知無用之用也。／為治者用眾而舍寡，故不務德而務法。／侵官之害甚於寒。／知彼知己，百戰不殆。／兵以詐立，以利動，以分合為變者也。／天子以四海為家。／燕雀安知鴻鵠之志。／亦莫不有是性，故雖下愚不能無道心。／豈可恃強淩弱，以富吞貧。／心即理也。天下又有心外之事，心外之理乎？／盡天下之學，無有不行而可以言學者。

第1章

中國哲學的思考法

掌握中國獨特的思考模式

掌控——氣

氣原本指人的氣息、自然現象中的大氣等，像空氣的東西，所以認為人的體內以及外在都充滿同樣的氣。氣不只存在人體、世界，更被視為構成那些的物質。尤其是以人體來說，氣更是生命力的根源。

氣生萬物的想法是在宋代以陰氣與陽氣的陰陽二氣之說，或是由其衍生出來的金、木、水、火、土五行之氣的各自結合、分離來說明。

此外，從中也出現多種氣的根源，也就是以元氣這樣的概念促成萬物生成的理論。道教中的元氣概念就是其中之一。在道教有透過氣就能與神合為一體的說法。氣如同神，是控制世界的力量。

其實氣的思想起源，有一說是源自周王室的史官們為了讓君主好好治國而衍生出來的理論。**也就是如果王作惡，天地之氣的秩序就會崩壞，釀成災害，讓國家衰弱的說法。**

《氣》

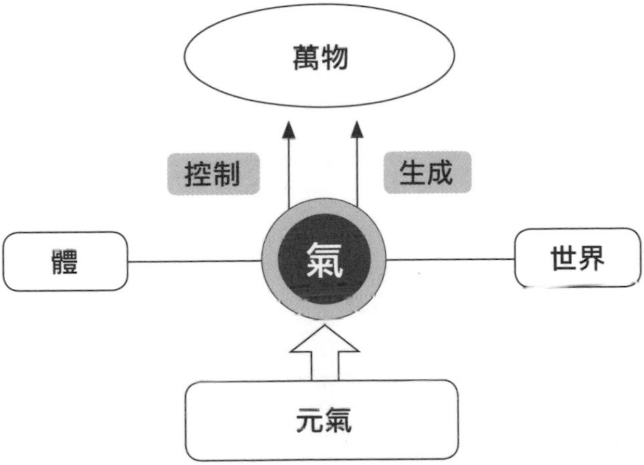

　之後氣便在理氣哲學，也就是萬物是由真理的理與物質的氣所構成的思想脈絡中不斷地被討論。

　就像這樣，在中國存在氣是掌控一切的要素，也存於自己的身體內的想法。以氣控制的觀念讓人聯想到憑一己之力企圖控制任何事情的中國人思想模式。也能說從中又衍生出掌控事物的自信與活力吧！

重視外顯行為——禮

禮是指為了維持社會秩序的倫理規範。因為屬於自發性，因此就能與伴隨強制契機的法區隔開來。原本起源於宗教儀式，之後擴大成為社會的、政治的規範。

將禮視為秩序原理加以理論化的是以孔子為祖的儒家。孔子認為禮要以實踐展現，像這樣禮被視為德的體現，而以其為中心的思想稱為禮教主義。

儒家中尤其重禮的是荀子。荀子認為人天生有慾望，主張性惡說。也因為這樣的認知，為了控制人的慾望就必須強調禮。

荀子的思想之後被重視法的韓非子繼承，不過關於禮與法的關係，則理解成為禮先於法，為政者再以禮教化才能防患未然。此外，與重視個別規定的法不同，作為秩序原理的禮絕非單指個別儀式的規則，而是超越那些，屬於普遍性的存在。

《禮》

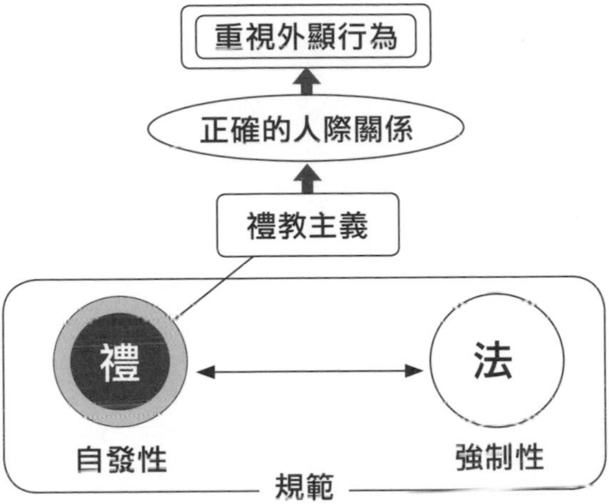

之後作為一門學問的禮作為禮學逐漸發展。貴族們便以這樣的學問為基礎，企圖透過謹慎行禮整頓內部秩序。換言之，禮徹徹底底屬於實踐性的思想。或許現代中國古典層面的禮的思想早已式微，**不過作為導正、規範人際關係的禮的觀念仍舊支配人們的意識。**

總讓人覺得重視講理，看重象徵正確人際關係的外顯行為，都融入中國人的思考模式。

洞察——仁

仁意謂著人格高尚，是孔子於儒教中認定的最高德目。據說原本與「人」這個字意思相同，就是指人道，到了春秋時代才確立仁的意思。

仁一般作為愛情、憐憫之意使用，最早用於對家人的情感，之後才擴大到政治。明確連結作為仁政，主張以憐憫人民為根基的政治則是孟子。之後的時代，像陽明學的王守仁等等，開始提倡「萬物一體之仁」，以宇宙自然與人的道德性的關係說明仁的概念。也就是對家人的愛延伸到共同體，甚至擴及萬物、宇宙、自然的意象。

如此，基本上仁可以說是制訂人際關係必要的道德，也具有無盡擴展的普遍性。而這樣的人際關係可以說是倫理，也就是在對方面前怎樣的舉措才是正確的。事實上孔子在《論語》中也曾提到人若缺少仁，禮也無法發揮作用[1]。

仁就像為了對他人展現合宜反應的洞察力。也就是說，唯有透過仁，

《仁》

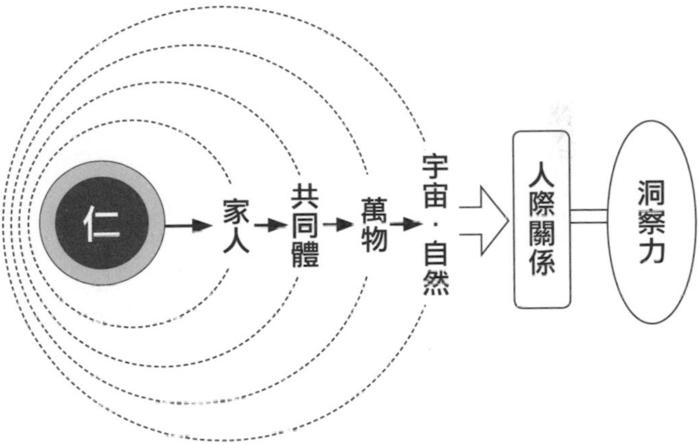

洞察出那個場合所需的適切對應後，才有可能表現出正確行為的禮。相反地，如果無法透過仁確切地洞察，人際關係就難以圓滑。

正是展現卓越洞察力的仁形塑出中國人擅長做生意的性格以及擅長談判的性格。**必須留意的是，左右所有人際關係的是洞察力，而其根源就是仁。**

1《論語》原文「人而不仁，如禮何」。

家族為單位思考——孝

孝是儒教德目之一，指的是子女對父母的敬愛之情。而對父母以外的長者，其德目為悌；對君主的德目為忠，以此作區隔。在中國思想中的孝，其特徵在於，不僅是父母在世期間，即使死後也要求子女對父母之敬愛的宗教化層面。換言之，以家人紐帶在死後的永續為目的，要求子孫祭祖，這也是中國強調祖先崇拜的理由之一。

宗教化後的孝，也能視為肩負著連結過去和現在、以及未來的任務。也就是孝具有作為貫穿時間軸的德目這樣的面向。

建立漢朝後，為了確立中央集權制，孝慢慢擴展成對君主忠誠的表現。《孝經》為其典型，就是以此將孝擴展至社會上普遍的德目。也就是孝作為貫穿空間軸的德目的面向。

《孝經》的開頭對家族道德與君臣道德的關係如此寫著：「身體髮膚，

《孝》

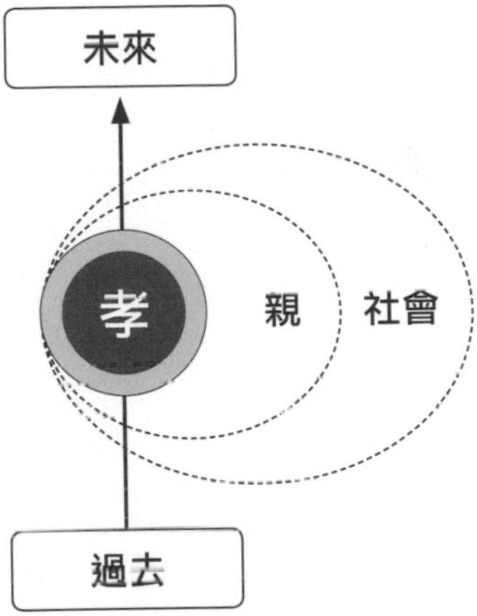

受之父母，不敢毀傷，孝之始也。立身行道，揚名於後世，以顯父母，孝之終也。夫孝，始於事親，中於事君，終於立身」。所以孝是德的起點，也是終點。

如此，隨著作為家庭內道德的孝在社會上也具有意義後，**中國人在社會上也開始以孝思考事物**。在人際關係上首重家族，接著如同心圓般逐漸擴展，慢慢建構關係的中國人思考模式也與此有關。

服從上級命令——天

「天」指頭上的天空，因為認為在此存在著神靈而被視為神聖，有了敬天的想法。據說在殷代認為上帝這樣的至上神[2]會引發人間各種現象，而成了唸咒祈求的對象。

到了周代時，天會帶給有德的主政者幸運；對無德的主政者則招致災難，開始被理解為具有人格的神。因此周王被視為領受天命一統天下的天子。

將天的思想視為道德並且為一門學問的是春秋戰國的諸子百家。尤其是孔子提倡將以往只與君王相關的天作為萬人之德。不僅儒家，許多思想家都將天與人間社會連結。在這樣的潮流中，在漢代確立的是天人感應論。

天人感應論一般是說天象與人事間的對應關係，不過董仲舒則將此視為為了治理國家的意識形態，並這麼認為：「國家將有失道之敗，而天乃先出災害以譴告之，不知自省，又出怪異以警懼之，尚不知變，而傷敗乃

《天》

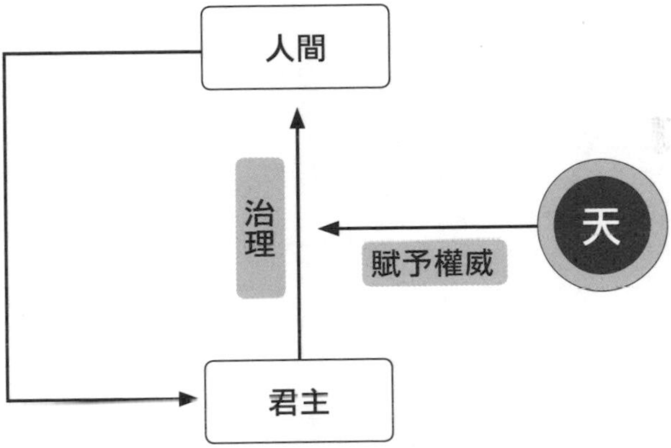

至。以此見天心之仁愛人君而欲止其亂也。」

像這樣的天人感應論賦予君主治理權威的同時，也可以說是完成天所賦予的任務吧！

看似個人主義的中國人，出乎意料地**會將「老闆」，也就是上級命令視為理所當然並且言聽計從。**或許能看成受到「天」思想的影響吧！

2 譯註：中文亦有「上帝」、「至上神」一詞，參考：https://zh.wikipedia.org/wiki/%E4%B8%8A%E5%B8%9D

講理——法

法與刑被視作同義，從春秋末年開始用為統治手段。當時身為有力思想家集團的儒家，其理想並非以法強制，而是施以禮的倫理教化。不過儒家漸漸被納入體制後卻出現如荀子所主張，以刑罰補足德治，立基為政者品德的思想。

承繼這種思想的法家開始主張人性本惡，必須以法為手段維持秩序。隨後韓非子彙整各種對立立場建構出法家思想。一般傾向將儒家的禮治論與法家的法治論視為對立矛盾，不過或許可以解讀成這兩種論述相互折衷、調整後，以一個獨立的法思想逐漸發展！

若要舉出象徵性的例子，就要提到《史記》中「夫禮禁未然之前，法施已然之後。」也就是說儒家所謂的禮是道德規範，作用在行為之前；法家所謂的法是懲罰行為結果，作用在事後。就像這樣，在一個社會規範中

《法》

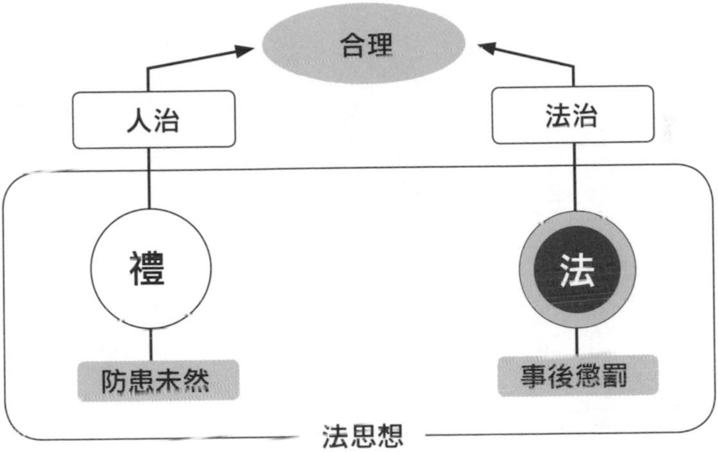

統合了兩者截然不同的形式。

也有人舉出這樣反而讓禮的溫情作用過度放大，導致人治與法治的界線變得模糊不清的問題。

雖然也有人認為中國人藐視法，不過另一方面他們也的確堅持講理。這正是他們不拘泥於規範或是法的形式框架，認為就是該行得正的證據。也可以說中國獨特的法思想形塑出講理的思考模式。

不強抵抗——道

道原本指人通行之路，再衍生出道理、法則之意。正因為道家將道視為天地萬物的存在依據，成為中國思想中最重要的思想之一。

就像儒家的孔子也曾對道表達過：「朝聞道，夕死可矣」，意謂如果早上領悟到該如何活，就算晚上死去也不會後悔的意思。所以**道是應該前進的方向，是應有的生活態度。**

孔子可以說把作為真理的道，以具體的教義明確化。不過其內容僅是在人間社會的真理，不像老子將道擴展到宇宙的本質。

老子認為：「道生一，一生二，二生三，三生萬物」，把道推高到宇宙生成的法則。既是萬物生成的根據，也是萬物存在的根據。後來莊子承繼老子思想，將道與生活態度結合，提出開悟的方法，並將開悟後的理想人格稱為真人。

《道》

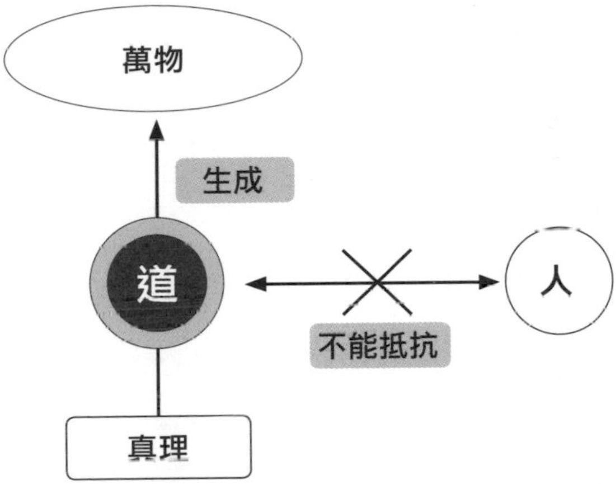

此外，在老莊思想發展至宗教領域後而形成的道教中，將老子神格化的同時，也將道定位於最高真理。道作為任誰也無法抵抗的世界法則滲透於人間。

雖然現代社會不太會有人正面倡導道，不過還是能窺見作為中國人思考模式的不強抵抗的態度。這或許是受到道的影響吧！

重視朋友——義

「義」一般指應做之事。比起儒家，墨家似乎更注重這個概念，就像主張：「萬事莫貴於義」，認為義最可貴，為了義就算賭上生命也在所不辭。後來「義」作為個人與個人締結關係之意逐漸發展，像是拯救夥伴、照顧死於非命的朋友家人。當然其背後有某些誓言，或是自己曾經受過那夥伴或是友人的恩惠！不背叛信賴，做該做的事就是義。

不過另一方面，義也表示像君臣關係般上下關係中的忠義。不過這種情況絕非毫無根據單方面強迫的忠義，而是藉由相互關係而成立。

義的思想在宋代以後的朱子學中大有發展。大書特書的是「義利之辨」的想法。也就是將作為利益的利視為惡的起源，想與義作明確區隔。在明代也出現了應該與作為利己性的利相區隔的立場。

正如「與大家同在即為義」這句話，義是以相互幫助為前提的概念，

《義》

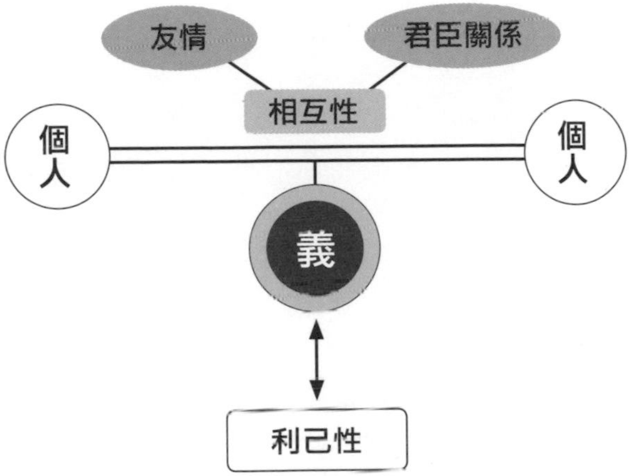

以這個角度來看就不符合利己性。

做應做之事，與夥伴相互幫助的義的思想，讓人不禁想到中國人重視朋友的思考模式。中國人常用的「朋友」一詞，其實**超乎日本人理解的朋友涵義**。必須要留意含有互相幫助的夥伴這層意思。

第2章

中國哲學的名言

不可不知的中國名言

孔子的名言

我非生而知之者，好古，敏以求之者也。

（《論語》）

超譯

我並非天生聰穎，只是學習古代知識，並孜孜不倦地努力追求。

這句話是在說學習的重要性，也可以說儒教始祖孔子全然體現這個教義的本質！孔子想傳達的是**人透過學習而成長，只要學習任誰都能出人頭地**。儒教成為以能力主義用才的科舉梁柱，即使朝代更迭，也總能扮演持續成長之國家的精神性支柱，其理由就在於孔子這樣的教義核心。因為對中國人來說，學習就等同希望。

孔子的名言

不患無位，患所以立；不患莫己知，求為可知也。

（《論語》）

超譯

與其擔憂沒有官位，不如思考增加實力的方法；與其擔憂沒人知道自己，不如讓自己成為值得被知道的人。

中國人總是將孔子視為老師中的老師。事實上孔子也擁有很多學生，而那些學生也分別擁有弟子，確實是老師的老師。不過除了這一層涵義外，孔子之所以成為教師的明鏡，是因為擅長鼓勵年輕人並使其奮發向上。像他說：「**與其唉聲嘆氣不如增進能力，做些讓人知道的正向工作**」，可說是不分領域，身為導師最理想的建議。

孟子的名言

至誠而不動者，未之有也。

（《孟子》）

超譯 **若能善盡誠意，必定能傳達給對方。**

孟子是理想主義者，就像豎立人生而良善的性善說，相信人性。正因為如此，才認為只要善盡誠意，對方一定能感受到。戰國時代的中國應該重視戰略，孟子卻在那樣的大環境中倡導誠意的重要，其中必然有其意義。雖然現代社會中交涉愈來愈被視為是技巧的展現，但**前提應該仍是善盡誠意**。

孟子的名言

由仁義行，非行仁義也。

（《孟子》）

超譯 **仁、義原本就是該有之德，而非特意行之。**

對儒家而言，仁與義同為重要的德目，卻被視為獨立於自身之外，如同規則般的存在。不過孟子認為仁義應該是存於自己心中的德，警惕自己不要特意而行。因為**若是外在的規範，就成了被動進行之事；若是自己內在的規範，理應會變得積極想做。**全然相信人的內在潛藏善的可能性，可以說是充滿孟子特色的一句話。

墨子的名言

兼相愛，交相利。

（《墨子》）

超譯

若能一視同仁地愛所有人，對彼此都有利。

前段提到的兼愛就是墨子思想最大的特徵，也就是主張不排序，同等地愛所有人。這部分可以說與儒家倡導的先重視父母或兄弟、君主等身邊的人相反。**不過這並非只是無償之愛，而是透過這種做法才能讓彼此獲利。**這就是中國式無償之愛的理由。

墨子的名言

仁人之事者，必務求興天下之利，除天下之害。

（《墨子》）

超譯

有仁心之人一定會做對世上有利的事，去除世上有害之事。

努力為世上謀利，去除有害之事的人，完全反映出墨子本身。墨子並非只是口頭倡導，他也徹徹底底地實踐，因此才受到眾多弟子的推崇。**採取做對世上有益之事，屏除負面之事的態度**。這種精神可以說是跨時代與空間，適切且普遍的公共哲學吧！

老子的名言

上善若水。

（《老子》）

超譯 **最好的方式就是如水一般。**

老子的基本想法就是處世最好不違抗自然萬物。水若遇到障礙物只是繞道而行，不會一爭高下，也不會逞強地往高處流，而是往低處流。**像水的處世方法才是人理想的態度。**在競爭激烈的社會中，對每天都得張牙舞爪拚搏過日的現代人來說，確實是當頭棒喝的一句話。

老子的名言

太上，下知有之，其次親而譽之，其次畏之，其次侮之。

（《老子》）

超譯 **最理想的是讓部屬不必處處小心的上司，其次是讓人親近的上司，再其次是令人畏懼的上司，最不理想的是被看輕的上司。**

很能瞭解讓人親近的上司，或是與之相反、令人畏懼的上司。而被看輕的上司，想必也無法發揮領導力。**需要思考的是，理想的上司不必讓人處處小心**。這句話展現出老子的特色，如果部屬必須唯唯諾諾，的確無法做好工作吧！可以說是符合遵從自然的老子所倡導的領導論。

莊子的名言

不知周之夢為胡蝶與，胡蝶之夢為周與。

（《莊子》）

超譯 **不知道究竟是我在夢裡成了蝶，還是蝶在夢裡成了我。**

眾所周知，「莊周夢蝶」可以說是莊子思想的象徵。也就是夢見變成蝴蝶時，一般會想到自己夢到了蝴蝶的夢，不過莊子卻認為不止於此，也有可能相反，是蝴蝶做了夢，夢到變成自己。**此處表現出莊子萬物齊一的思想，認為所有存在皆同**[3]。從早到晚忙於競爭，稍有差池就牽動情緒的現代人都應該好好傾聽。

莊子的名言

人皆知有用之用，而莫知無用之用也。

（《莊子》）

超譯

人只注意有用之用，不思考無用之用的意義。

有用之用就是有用之物發揮功效的意思。因為是理所當然之事，所以大家都以之為前提。不過莊子卻**主張無用之用，也就是無用之物才能發揮功效**。雖然是相反的發想，不過唯有與他人不同發想，才可能察覺之前沒察覺的事。或許能成為挖掘被埋沒的能力，或是改革創新的契機。

3 譯註：「萬物齊一」，出自莊子的齊物論。

韓非子的名言

為治者用眾而舍寡，故不務德而務法。

（《韓非子》）

超譯

為政者採用服從多數的方法，不以服從少數的方法。因此是不仰賴德而是用法。

原本只要訴諸於人們的德，就能成就好的政治，韓非卻主張因此而改變的人不多。這確實是很寫實的見解。所以用法律強制管理才能展現成果，很符合法家韓非子思想的一句話。就是**殺一儆百的意思吧！**世界確實無法只靠理想運作。或許有十三億人口的現代中國更是如此。

韓非子的名言

侵官之害甚於寒。

（《韓非子》）

超譯　**不按照規定做事，問題比受寒更嚴重。**

君王喝醉酒睡著時，管理帽子的官員想著不能讓君王著涼，便幫忙披了衣服。君王醒來後竟然處罰管帽子的官員。這是因為那並非管帽子者該做的事，而是管衣服者該做的事。**韓非子是透過這則故事闡述按照規定做事的重要。**這也與日本人的看法不同，很符合法家精神的想法。

孫子的名言

知彼知己，百戰不殆。

（《孫子》）

超譯　**若能確切瞭解敵人，也確切瞭解自己，即使百戰也能次次戰勝。**

這或許是孫子言論中最有名的吧！這句話也彰顯出孫子兵法的本質。也就是說，**確切掌握敵人與自己的優點，就是不須做無謂的事情。**孫子並不認為戰爭是好的，畢竟不戰而勝，才能讓雙方皆無損失。資訊愈顯重要的現代社會，這句話的價值不言而喻。

孫子的名言

兵以詐立，以利動，以分合為變者也。

（《孫子》）

超譯 **作戰時以欺瞞敵軍為基本，本著利益行動，透過分散與集合自在變動。**

其實之後日本戰國時代的武將武田信玄的軍旗上所寫的風林火山，就是這句話的後續字句。**行動以欺敵、利益為基本、變幻自在。**不只戰爭，所有的作戰，像是現代社會的商務、交涉都能套用。孫子兵法對經營者、商界人士具有魅力，就是因為這樣的理由。

司馬遷的名言

天子以四海為家。

（《史記》）

超譯

治理天下的人應該將整個世界視為自己的家。

四海就是指整個世界，故此一句表示治理國家的人應該把整個世界看成是自己的家。**換言之，做任何行動都要保有世界觀。**因此不管任何領域，中國人的領導者都是以這樣的想法看世界。我們應該也能從中學習到些什麼吧！身為領導者，做事應該有承擔世界的認知以及氣概。

司馬遷的名言

燕雀安知鴻鵠之志。

（《史記》）

超譯 **像燕與雀那般凡人是無法理解如天鵝般大人物的雄心壯志。**

據說這一句是亡秦的陳勝在農民時期對瞧不起自己的雇主所說的話。**想表達的是凡人與大人物志向原本就不同。**中國人似乎是從這樣的話語中獲得勇氣而努力堅持。姑且不論史實，至少是記錄在著名的歷史書上，並且長久影響人們，早已屬於「歷史」的一部分，畢竟歷史原本就是故事。

朱熹的名言

亦莫不有是性，故雖下愚不能無道心。

（《中庸章句》）

超譯

每個人應該都具備身為人的本性，不能說愚人就沒有上進心。

朱熹思想中的修己治人指的是透過個人鑽研而治理天下的想法。像是以科舉為目標的人會有的座右銘。**愚人應該也有上進心**，或許也給予很多人挑戰科舉的勇氣吧！人只要有幹勁，的確天下無難事。而能否有幹勁，可以說與旁人的激勵有關。

朱熹的名言

豈可恃強凌弱，以富吞貧。

（《朱文公文集》）

超譯

豈可以利用高位欺負弱小，靠著金錢讓窮人屈服？

這是朱熹警惕官僚們的話。就是質疑那些科舉合格取得特權後，馬上擺出架子變得傲慢且欲深谿壑者的態度。看到這樣的警惕，就能瞭解德川幕府採行朱熹所創立的朱子學以作為武士們公用學問的原因。也希望現代社會中的官員、政治家都能再三咀嚼此話。

王守仁的名言

心即理也。天下又有心外之事，心外之理乎？

（《傳習錄》）

超譯 **心等同理，世界上心之外還會存在事物嗎？心之外還會存在理嗎？**

此話闡述了王守仁陽明學的本質，也就是「心即理」。朱子學像是倡導心之外存在理，不過因此區分兩者卻也不恰當，反倒是必須融合兩者。唯有如此才能讓內心自有規範的說法成立，才會**重視鍛鍊內心**。現代社會中總是嚷著強化規範，但關鍵還是鍛鍊心志。

王守仁的名言

盡天下之學，無有不行而可以言學者。

（《傳習錄》）

超譯　**世上的學問中，應該沒有無須實踐就能習得的。**

相對於比起行動更重視知識的朱子學，王守仁主張「知行合一」，也就是知識與行動並行。因此無論只學習知識或是先學習知識，都是不可能的。因為**知識總會伴隨實踐**。中國人重視實踐的特質，可以從知行合一的想法窺知一二。對謹慎行動的日本人而言，是很值得參考的一句話。

第3章

中國哲學的名著

向中國知識結晶學習

《論語》——普遍可套用的「正確生活態度」指南書

作者(孔子的弟子們)、成書年(不詳)

是眾所皆知中國哲學的最高傑作、最有名的書籍。以「子曰」開頭,就如同老師所開釋的意思,記錄著儒家祖師孔子的對話錄。「論語」意謂「討論的回應」,基本上記錄著孔子針對討論結果的回應內容,但也包含門下弟子的話語。

據說將這些內容編輯彙整的是孔子的弟子曾子、有子以及後續的相同學派的人。從這個角度來看,等同於基督教創始者耶穌的談話也是由弟子們彙整成《聖經》;哲學之父蘇格拉底的談話也是弟子柏拉圖撰寫成書進而推廣。孔子本人並未參與撰寫。

所以在孔子之後的時代還有加筆修正的部份也屬事實。漢代共有三種版本:從孔子宅邸牆壁挖鑿出來的《古論語》、在齊國流傳的《齊論語》以及原有的《魯論語》，而目前流通的係彙整各種版本而成。

一言以蔽之，《論語》的主題就是追求身為人應有的正確生活態度。

以下所引用的《論語》開頭的章節便清楚呈現這部分。子曰：「學而時習之，不亦說乎？有朋自遠方來，不亦樂乎？人不知而不慍，不亦君子乎？」

也就是對做學問、學習，每有機會就複習的話，所學的內容就會內化成知識，這是多麼令人愉快的事情啊！有朋友從遙遠的地方來，不也很快樂嗎？不為人理解時若能不發怒，就能說那樣的人具有才德吧！

《論語》就是普遍可套用的「正確生活態度」指南書。

《墨子》——愛與和平的活動紀錄

作者（墨子與其弟子們）、成書年（不詳）

雖然《墨子》似乎不是全由墨翟本人撰寫，不過與《論語》相同，並不是什麼問題。不要視為墨翟一人，而是墨家整個群體的思想活動紀錄更為恰當。

首先〈兼愛．非攻篇〉中記載著墨翟的基本理念。兼愛將血緣之愛降格為有差別的愛，主張超越血緣的普遍之愛。倡導「兼愛交利」的「兼相愛，交相利」就是墨子最出名的一段話。

非攻是批判強國弱肉強食的風潮。「虧不足，而重有餘也」是非攻的典型。也就是採行從不足者奪取物品分給有餘者的做法，國家將會滅亡。

其他還有〈節用篇〉、〈節葬篇〉、〈非樂篇〉是批判儒家的禮樂說；〈非命篇〉為批判儒家的天命論；〈明鬼篇〉、〈天志篇〉則是墨家群體的信念；〈尚同篇〉為墨家的組織論；〈尚賢篇〉闡述群體內的尊賢秩序。這「十論」分別論述墨子的十大主張。

像是〈尚同篇〉的內容「一目之視也，不若二目之視也。一耳之聽也，不若二耳之聽也」，指用一隻眼睛看，不如用兩隻眼睛來得清楚；用一隻耳朵聽；不如用兩隻耳朵來得清楚。也就是**管理組織必須仔細觀察現實、必須用心傾聽。**

有趣的是，除了像這樣陳述思想外，也可以從具體提到戰鬥方式、守城方法、限制兵器的方法等等感受到墨家是個戰鬥集團。此外，由於也有涉及幾何學、光學等的論文集，所以他們也具備了理工特質。

《孟子》——理想主義者的宣言

作者（孟子與其弟子們）、成書年（不詳）

《孟子》是記錄孟子語錄的書籍，有孟子本人執筆的說法，也有由他的弟子公孫丑、萬章等人彙整而成的說法。根據司馬遷的《史記》，孟子起初是周遊各國，向國君倡導德的重要，卻不被崇戰的國君們接受，因而放棄轉而撰寫《孟子》七篇。

朱熹認為《孟子》與《論語》並列，為四書之一，完成《孟子集注》的註釋本後便成為儒家最重要的文本之一。

全部共有七篇，前三篇多為孟子遊說之際的記述，後四篇則是傳達孟子言論的思想論述。

孟子的思想大致可分成兩個主軸，一為性善說；另一個為王道政治。**性善說就是人性本善的想法。**為了善的萌發而主張修養的必要。像是《孟子》提到以下內容：

「求則得之，舍則失之」，指的是追求德就能得到，捨棄德就會失去。也就是說，孟子認為人天生具備仁、義、禮、智、信這樣的德，要得到或是失去都與自己的念頭及努力相關。

另一個主軸的王道政治，是立基仁、義兩種德目的政治。王道的相反就是以蠻力強迫的霸道，王道則是人人自律的政治。

「以德行仁者王」這句話便很直接傳達那樣的概念。以德行仁政者，就是實行王道的就是真正王者。不過可惜的是，孟子的理想主義無法說服戰國時代的君王們。

《荀子》——現實主義者的教育論

作者（荀子）、成書年（西元前二十六年左右？）

《荀子》幾乎由荀子本人撰寫，不過也有部分是弟子彙整的語錄或附記。荀子是接續孟子之後儒家著名的思想家，兩者並稱「孟荀」，被視作互為競爭對手。

因為相較孟子主張「性善說」，荀子主張的是「性惡說」。**放任人性就會利慾薰心，所以主張必須以禮導正。**

各篇都有主題，最初的〈勸學篇〉是論述學問的重要性；接續的〈修身篇〉是關於身心的修養；〈天論篇〉闡述了人事對天行的意義；〈性惡篇〉則如字面含意，論述性惡說。

關於性惡說，荀子反覆運用了各種假設，像是「木受繩則直，金就礪則利」，木材用墨繩才能筆直地切割；金屬用礪石才能變得鋒利。人也一樣，受教育才能精進成為正當且出色的人。

其實不只性惡說，《荀子》中還有幾個與孟子之說對立的內容。像是在〈王霸篇〉肯定霸者，認為僅次於王者，也能視為與孟子否定霸者的思想對立吧！

相較於孟子屬於理想主義者，荀子被視為現實主義者。〈王霸篇〉中有：「立直木而求其影之枉也」，便如實反映出這個部分。意思是要木材直立卻又要影子彎曲，根本是無理的要求，想表達過度要求其實是緣木求魚。

《大學》——德的簡便指南

作者（不詳）、成書年（不詳）

《大學》原本與《中庸》相同，只是五經之一的《禮記》中的一篇。宋代之後獨立成書，朱子將其定位為儒學的基本書目，編入四書，進而成為重要典籍。

朱子將此分為兩部，經一章為曾子申述孔子之話；傳十章則是門人記錄曾子的語錄。雖然作者不詳，但此書闡述了儒學核心「修己治人」，就是透過個人修養並加以運用進而治理天下的方法，因此被視為修德的入門書。

內容大致分成「明明德」、「親民」、「止於至善」三主軸，這也被稱為「大學三綱領」。首先，「明德」是人與生俱來的德性，必須予以彰顯。可以說是陶冶心志吧！這被視為修養的第一步。

再者，「親民」並非獨善其身，而是要推己及人，努力引導他人日日進步。如果無法做到這個程度，便無法完成個人修養。「止於至善」就是將「明德」與「親民」視為最極致的善並加以維持。

《大學》認為唯有整齊這三主軸的內容，才是完整的修養。此外，作為子類別，也就是實現這三個目的的方法論的就是被稱為「大學八條目」的格物、致知、誠意、正心、修身、齊家、治國、平天下這八項。

從理解事物的方法到治理天下的方法，可以說讓個人學習與導正社會相結合，最理想的德的簡便指南。這本書就像入門書，以現在的國小來說，就像是一、二年級的教科書般可理解。

《中庸》——修德的實踐編

作者（子思？）、成書年（不詳）

《中庸》也與《大學》相同，原本是《禮記》的一部分，之後才獨立成書。是儒學入門書——四書之一，不過相較於《大學》屬於基礎知識編，《中庸》算是實踐編。關於作者有諸多說法，不過一般認為由孔子之孫子思所寫。宋朱熹撰寫《中庸章句》這樣的註解書後，就成了《中庸》的定本。

《中庸》是由不偏頗的「中」與意指平常的「庸」組合而成，也就是「以不偏頗為平常」，無過與不及的意思。關於人的德目也主張中和之德，中和之德即是人的誠。

誠也就是不說謊，人總會被慾望左右，所以不說謊其實很困難。不過，正因為如此才提倡必須以那種狀態為目標吧！

要如何才能學會中庸、達到誠呢？關於這個問題，《中庸》提到：「庸德之行，庸言之謹；有所不足，不敢不勉；有餘不敢盡」。

就是累積平凡的德性，平常就慎重發言，若感到德性累積不足，就努力加強；若發言過剩，就減少言論。**像這樣一一檢視日常行為、發言是否過度，才能學會中庸之德。**

說起來簡單，但實踐卻不易。所以相較《大學》屬於入門編，《中庸》則被視為後續應該讀的實踐編。

《詩經》——詩的百科事典

編者（孔子？）、成書年（不詳）

《詩經》是中國最古的詩篇，與《書經》、《易經》、《禮記》、《春秋》並列為五經。內容如字面上的意思，全為詩，內容大致可分為風、雅、頌三部分。「風」如地方民謠，共分十五國，詠嘆各國風情。「雅」像是貴族或是在朝廷儀式、宴席所演奏的音樂歌詞，分別有「大雅」和「小雅」。「頌」像是祭祀用的祝禱詞，分為「周頌」、「魯頌」、「商頌」。

結集從周代到戰國中期上千年歌詠過的詩，作者也橫跨庶民到王侯。據說當時有收集詩的官吏，收集、整理地方詩篇。

在形式方面，基本上是一句四字的四言詩，同一句或是類似句會在每章反覆出現，稱為疊詠體，用於歌謠中。表現技法有賦、比、興三種。「賦」是直敘法；「比」是比喻法；「興」是讓人聯想起初敘述的內容，之後再作為主題。與先前提及的內容分類——風、雅、頌合稱為「詩之六義」。

中國古典中的詩不單是一種教養，似乎也肩負實際任務。例如《詩經》的詩很多都含有諷刺內容，據說這樣的詩用於讓國際關係更圓滑。

「我心匪鑒，不可以茹」這首詩的確充滿諷刺，指的是自己的心並非鏡子，所以無法看穿他人之心，諷刺他人主觀判斷。

當然這是著眼在部分詩句上，像這樣只截取符合情境的一句話稱為「斷章取義」。之所以有很多名句皆源自於詩，其實是因為那時盛行斷章取義。

《書經》——古代中國的政治史

編者（孔子？）、成書年（不詳）

《書經》原本稱為《書》，漢代稱為《尚書》，宋代之後開始稱《書經》。尚書的「尚」有上之義，「書」則是君王的紀錄，所以表示古代的公文。

作者據說是夏、商、周的官吏，由孔子彙整而成。不過，《書經》的成書問題存有「今文尚書」、「古文尚書」、「偽古文尚書」三種傳本的爭論。「今文尚書」原本就存在，而「古文尚書」是在拆除孔子舊宅時發現；「偽古文尚書」則是在東晉時期所附加的版本，因此也有人認為「偽古文尚書」的部分應該刪除。

體裁方面有如下區分，君主對大臣說的是「誥」；大臣對君主講的是「謨」；君主對民眾的誓詞用的是「誓」；君主命令是「命」；書寫重要歷史事件的概要則為「典」。

內容則分為《虞書》、《夏書》、《商書》、《周書》四種，記錄從堯舜時代到秦的政治以及事件。所以可以知道《書經》是知曉古代中國歷史的珍貴史料。

像是堯所說的「明明揚側陋」，意思是即使地位已經很高的人，若有優點地位還是會再提升；即使側陋，也就是地位低的人，若有德就該拔擢。透過這句話就能充分理解堯不分身分地位，認為有德就該重用的想法。

另外，「嘉言罔攸伏」也是如此。這句是舜說的話，意思是若為嘉言善語，就不該故意隱蔽。也就是說，**不管身分、不管出自於誰，只要是美善的言論就該表揚。**從中也能感受到舜是治理有方的君主。

《易經》——占卜教科書

作者（八卦為伏羲；六十四卦為神農；卦辭為周文王；爻辭為周公；傳為孔子？）、成書年（不詳）

《易經》的易原本指卜筮。「卜」是用龜的甲殼或動物肩胛骨上的裂痕來推斷吉凶；「筮」是以植物的莖的數量推斷吉凶。《易經》即是結集這些占卜的卜辭，也用為待人處世的訓誡。中心思想是透過陰陽兩者的對立與統合說明森羅萬象的變化法則。

此書由本文的「經」與其註釋、解說的「傳」所構成。「經」分為上經與下經，由像是線或點線的爻呈現，以基本八卦相互組合成六十四卦構成占卜的基本圖像。六十四卦中都寫著稱為卦辭的占卜字句，又分別有六個爻以及稱為爻辭的占卜字句。

而「傳」也被稱為十翼，由十部所構成，也就是〈彖上傳〉、〈彖下傳〉、〈彖上傳〉、〈彖下傳〉、〈繫辭上傳〉、〈繫辭下傳〉、〈文言傳〉、〈說卦傳〉、〈序卦傳〉、〈雜卦傳〉這十部。

關於《易經》的作者很複雜，一般認為撰寫八卦的是伏羲；撰寫六十四卦的是神農；卦辭為周文王之作；爻辭為周公之作，傳則為孔子之作。

解讀方式是先確認卦辭，再確認子類別的爻辭，然後就會出現占卜的結果以及相應的訓示。訓示部分則呈現《易經》作為思想書與其他占卜的不同。

假設出現「潛龍勿用」的卦辭。潛龍指的是接著會出頭天的人，所以整體有**等待一飛沖天的人必須先沉潛以修身養性，不可貿然行動的意思。**占卜的結果呈現不可自亂陣腳的訓示意謂。

《左氏傳》——能窺見春秋時代思想家們樣態的歷史書

作者（左丘明？）、成書年（戰國時代中期左右？）

《左氏傳》為五經之一的《春秋》中的一部。《春秋》是依據魯國史書撰寫而成，由三傳構成，其中之一便為《春秋左氏傳》，也就是本節介紹的《左氏傳》（也可簡稱為《左氏傳》）。作者眾說紛紜，不過一般認為是在《論語》中出現的左丘明。內容**可以說是讓我們得以窺見春秋時代思想家們樣態的珍貴歷史書籍**。

原本《春秋》是以編年體彙整魯隱公到哀公，橫跨十二位共二四〇年的事件，不過現存只剩作為解說本編撰而成的《公羊傳》、《穀梁傳》、《左氏傳》。換言之，我們僅能透過這三傳瞭解《春秋》。原本「傳」是補足基本學問的「經」的解說書，目的是進一步說明沒有在經文中撰寫出來的內容。不過，畢竟是歷史書的解說，似乎也包含很多不相關的敘述。

像是《左氏傳》傳達歷史的內容中就有「鼎之輕重，未可問也」這樣的句子。直接的意思是不可以問鼎的輕重。其實這是楚王出自想當天子的野心而對逐漸衰弱的周王室提到鼎時的故事，其內容是周王的使者王孫滿回應楚王，天命尚未更改，不應覬覦天下，而打消他的野心。

生動傳達出戰國時代戰戰兢兢的狀況以及當時肩負重責的賢人們日常情景的字句。另一方面在《左氏傳》中也有像「非宅是卜，唯鄰是卜」乍看與歷史無關的敘述。這是指蓋房時占卜並不是為了讓住宅本身變好，而是為了知曉近鄰的吉凶。

當然透過這樣的敘述能知道當時的風俗民情。不過，或許可以理解成透過風俗民情傳達當時的歷史。

《禮記》——中國最古老的禮儀書

編者（戴聖）、成書年（西漢時代）

《禮記》作為五經之一也是很重要的典籍，記載從周代末年到漢代關於古禮的儒家解說。因為是關於禮的理論與紀錄的解說，所以可以從中窺探當時社會、制度、習俗。

以形式來說，戴德將存於漢代的古禮二一四篇彙整成八十五篇，人稱「大戴禮」；其外甥戴聖進而彙整成四十九篇，人稱「小戴禮」。流傳於今日的《禮記》即為「小戴禮」。

此書分為通論、制度、明堂陰陽記、喪服、世子法、子法、祭祀、吉禮、吉事等，畢竟是長時間收集而來，所以會因時代不同，在各項目內容中出現矛盾。

內容方面，實際用與禮相關的字句。例如：「禮，不逾節」，**禮儀就**

是不逾越節度，也就是告誡過度行禮反成無禮。

或是可以瞭解當時風俗的內容——「子食於有喪者之側，未嘗飽也」。指的是在服喪者旁邊，絕不可飽食。

其中有與日本風俗相通，也有與日本大相逕庭的內容。像是「八十者五豆，九十者六豆，所以明養老也。」豆是盛裝食物的食器，表示年紀愈長，就會端出愈多的餐點以表示敬老。

如果是現代日本，就會覺得老人一定吃不完，傾向端出較少的餐點。要特別留意與此截然不同的想法。

《老子》——療癒現代人的知識之清涼劑

作者（老子？）、成書年（不詳）

《老子》是全部約五千字，共分八十一章，屬於格言形式的思想書。一般認為作者為老子，不過也有對老子本身真實性的存疑，因此仍為不詳。但《老子》一書確實從秦末便存在，因此不如著眼於教義。

《老子》如別稱《道德經》，是闡述道與德的書籍。道家的名稱也從這個「道」而來。儒家也有談論「道」，不過其所談的道指的是社會規範。而《老子》中的「道」則指萬物根源。

從萬物根源的「道」陳述「德」應有的樣貌。具體可以先從展現老子根本思想的一小節來看──「無名，天地之始」。意思是萬物根源的無名物，也就是道是天地的初始，是萬物之母。

或是「有之以為利，無之以為用」。意思是「實有」之所以能在世上有利益，是因為「虛無」先發揮作用。如此，老子思想中「無」重於「有」，可以說與西方哲學的根本思想相反，因為西方認為「有」甚於「無」。

在這樣的基本思想下，《老子》提倡作為生活態度的德，其中「為而不恃」可以說是典型。**也就是無論自己做了多大的事，也不能高傲自恃。**勸告不要過度出頭的生活態度是《老子》的特徵。

「善行無轍迹」也是典型之一。意思是最好的走路方式就是不留下足跡。對奮力想留下足跡的現代人來說，是一帖讓人沉穩的清涼劑。這許許多多療癒的話語一定能讓疲憊不堪的現代人產生共鳴吧！

《莊子》——獻給筋疲力竭的人的終極達觀論

作者（莊子）、成書年（不詳）

《莊子》由內篇七、外篇十五、雜篇十一，共計三十三篇所構成。據說其中只有內篇出自莊子之手，其餘皆為後人彙整而成。

莊子深受老子影響，但敘述方式較老子更饒舌，充滿比喻寓言。此外，內容也大相逕庭，與《老子》主張現實生活不要過於劍拔弩張不同，《莊子》則是展現更達觀的人生觀。

例如：「鷦鷯巢於深林，不過一枝；偃鼠飲河，不過滿腹」，意謂鷦鷯雖然在森林深處築巢，但所棲息的巢也僅是一枝；鼴鼠雖然喝著大河之水，但也僅是讓小小的身體喝飽。

的確是富含比喻寓言的格言，也呈現出即使慾望再多，我們能得到的還是有限的達觀。**莊子的特徵就像這樣將事物相對化，傳達出人的煩惱其實渺小如滄海一粟。**

直接表現這種思想的是以下這段——「天地，一指也；萬物，一馬也」。天地萬物、宇宙空間的所有事物，就像一根手指、一匹馬一樣是一體的，毫無差別。也就是一種相對論，所有的手指都一樣，所有的馬也都相同，在世上所有事物之間，連是非善惡的區別也沒有。

莊子認為世間萬物都相同，的確超越老子，可以說是終極的達觀論。或許正因為如此才有效果吧！推薦給覺得老子還略顯不足，極為疲憊的人。

《韓非子》——中國版的「領導論」

作者（韓非）、成書年（不詳）

《韓非子》是法家理論的集大成，由五十五篇構成。作者是受荀子影響的法家韓非。原本此書稱為《韓子》，為了與唐韓愈區別，之後便稱為《韓非子》。

主張以法統治的思想獲得秦始皇的青睞，並實際採用。秦始皇甚至認為：「寡人得見此人與之游，死不恨矣。」也就是若能與韓非來往，死而無憾。

其內容也是始皇帝偏好的嚴格。像是「賞罰不信，故士民不死也」這一節，指的是因為沒有嚴肅執行賞罰，人民才不願誓死效命。

或是「夫虎之所以能服狗者，爪牙也」，指老虎之所以能讓狗服從，就是因為有利爪、尖牙，此句想表達的是君子若無刑罰這樣的武器，最終仍無法確實統治。

乍看或許覺得與其說是著重法，不如說著重君王的治理方式，確實如此，**《韓非子》甚至能與馬基維利的《君王論》相提並論，有「東方有韓非子，西方有馬基維利」的說法。**

其實也有不少內容在談論君王的態度，如：「藏於臣不藏於府庫」，或是「去好去惡，群臣見素。」前者指聖人政治是為了擁有很多良善的人民，不是為了貪婪讓政府財庫變得富有；後者則是指因為底下的人們會迎合，所以君王不能表現出自己的喜好，唯有隱藏才能看到底下的人的真心。

就像西方社會的領導者們實踐馬基維利的《君王論》，中國領導者們應該也是力行《韓非子》，所以必須徹底瞭解他們的帝王學。

《史記》——執著的歷史故事

作者（司馬遷）、成書年（西元前九十一年左右）

《史記》是漢武帝時期由司馬遷編纂而成的中國史書，為二十四正史之首。由皇帝年代記的「本紀」十二卷、年表等的「表」十卷、記載禮樂制度等的「書」八卷、描寫春秋戰國以及漢朝王族等興亡的「世家」三十卷、屬於人物傳記的「列傳」七十卷所構成。像這樣以本紀開始，以列傳結束的體裁稱為「紀傳體」，之後的正史編纂皆承襲這種做法。

《史記》的構想源自司馬遷的父親司馬談，不過司馬談完成自己的歷史著作前便抑鬱而終，由司馬遷繼承父親遺志繼續撰寫《史記》。不過，司馬遷為投靠匈奴的友人李陵辯解而受武帝盛怒，被迫入獄並處以宮刑。這反而激起司馬遷的鬥志，出獄後完成這部曠世巨作。

以下介紹部分內容。像是「沐猴而冠」指的是猿猴戴著人的帽子，諷刺人沒有內涵、虛有其表，這其實是斥責楚國項羽的一句話。

而「以暴易暴兮，不知其非矣」，則意謂以暴力排除沒有道理的事情，其實他們不知道自己同樣也違反了道。這是指責想討伐殷紂王的周武王。

還有**很多故事成語、諺語都出自於《史記》**。「夜聞漢軍四面皆楚歌，項王乃大驚曰」就是四面楚歌的出處；「寧為雞口，無為牛後」則為雞口牛後的出處。

畢竟是重視歷史的國家——中國的正史之首，所以是與中國有往來的所有商務人士必讀的書籍。不過內容繁多，不妨透過入門書把握著名的篇章吧！

《孫子》——中國式的戰爭論

作者（孫武）、成書年（不詳）

《孫子》是由春秋時代軍事思想家孫武撰寫的兵法書。可以說是中國七大兵法典籍——武經七書中最有名的吧！除了《孫子》外，還有《吳子》、《尉繚子》、《六韜》、《三略》、《司馬法》、《李衛公問對》。

在《孫子》問世前，人們認為戰爭的勝敗皆由天命左右。不過，本身為軍師的孫武，詳細研究戰爭紀錄後發現其實勝敗皆屬人為。《孫子》就是將此內容以理論呈現的作品。

內容有以下十三篇。〈計篇〉——論述決定戰爭前應該考量的內容；〈作戰篇〉——論述戰爭的準備計畫；〈謀攻篇〉——言及不戰而勝的方法；〈形篇〉——論述攻擊與防守的形式；〈勢篇〉——論述軍勢的氣勢；〈虛實篇〉——探討戰爭中如何發揮主導性；〈軍爭篇〉——談論如何比敵軍取得先機；〈九變篇〉——論述面對戰局變化臨機應變的方法；〈行軍篇〉——論述派兵時的注意事項；〈地形篇〉——談因應地形改變戰術；〈九地篇〉——言及配合地勢的戰術；〈火攻篇〉——敘述火攻的戰術；〈用間篇〉——申論偵察敵情的重要性。

孫子並不是只想戰勝，而是以不戰而勝為目標。從「兵者，國之大事，死生之地，存亡之道，不可不察也」的內容就能清楚瞭解戰爭是國家大事，左右人民是生是死、國家是存是亡，因此必須慎重看待。

無論怎樣的戰爭，或是哪個時代的戰爭，其實都不希望造成犧牲。這也是現今全世界的商務人士都參考《孫子》兵法的理由。

《三國志》——奪取天下的操作手冊

作者（陳壽）、成書年（西元二百多年？）

《三國志》是東漢末年到三國時期，魏、吳、蜀三國群雄割據的興亡史。與《史記》、《漢書》、《後漢書》並稱前四史。撰寫者為西晉的史學家陳壽。全書由〈魏志〉三十卷、〈吳志〉二十卷、〈蜀志〉十五卷構成。日本人在日本歷史課學習到〈魏志倭人傳〉關於卑彌呼的內容，其實〈魏志倭人傳〉就是〈魏志〉中描寫倭人的部分。

雖然《三國志》中確確實實記載三國之中魏才是東漢銜接晉的正統王朝，但這個時期實為中國歷史中最動盪不安的時代。

因此，在明代羅貫中以此正史為基調撰寫出章回小說《三國志演義》。由於內容較《三國志》有趣，而受到日本等世界人士喜愛。

畢竟《三國志演義》屬於故事，並非全然為真。一般認為「七分為真；

三分虛構」。最大的差異是正史公平看待三個國家，故事中則把魏的曹操定位為壞人，蜀國劉備、諸葛亮定位為好人。

若要好好享受《三國志》，最好能閱讀兩本，要知道較正確的歷史，還是得立基於正史。像是「為將當有怯弱時，不可但恃勇也」，這是記載於〈魏志〉中魏國曹操的話。**意思是身為領導者，有時必須如多疑般慎重，不能總逞匹夫之勇。**

雖然在《三國志演義》中，曹操被描寫成壞人，不過在正史中則是公平地描寫出像這樣慎重的領導者。當然一步一步邁向巔峰的曹操確實更擅長作戰。

《菜根譚》——多元化的自我啟發書

作者（洪自誠）、成書年（明代）

《菜根譚》是明代末年洪自誠所撰寫，有前集與後集共二卷。於江戶時期傳入日本，相較中國，在日本的人氣更盛，是至今仍廣為流傳的隨筆。

「菜根譚」的書名來自朱熹《小學》中以下內容：「汪信民嘗言：『人常咬得菜根，則百事可做。』」意思是菜根堅硬多筋，唯有仔細咀嚼才能感受真正風味。另一說是菜根指的是粗茶淡飯，譚有談之意，意思是大人物都會從清貧的生活崛起。

內容方面，前集談到與人交往；後集則提到自然與閑居之樂。如同《菜根譚》的別名《處世修養篇》，全書可以說是修養相關的處世訓誡，並且是以儒、釋、道，三教合一的立場敘述的思想書。

例如：「棲守道德者，寂寞一時」，意思是恪守道德的人，有時得承受一時清貧的境遇。也就是告誡世人不貪戀權力，恪守道德，或許有時會感到艱辛，但總會有撥雲見日的一天。可見此句充滿儒家教義的感覺。

而「知足者仙境，不知足者凡境」則有道家意謂。**懂得心靈滿足的人，無論身處何處都能感受到幸福；若不知滿足的人，就算再怎麼幸福也感受不到。**

此外有「知生之必死，則保生之道，不必過勞」，則讓人覺得受到佛教的影響。如果能真正領悟生命必定伴隨死亡，就無須為了生而勞心憂愁。如此，《菜根譚》可以說是融合了三教，多元的自我啟發書。

《三民主義》——為中國帶來近代化的革命口號

作者（孫文）、成書年（一九二四年）

《三民主義》是將孫文發表過的中國革命基本理論彙整後出版的書籍。

內容如書名，就是三個「民」——統一了民族主義、民權主義、民生主義的思想。當時為國民黨的基本綱領，中華民國憲法也載明其精神。

孫文為建設民主且近代的中國，努力建構改革理論。之後依現實調整，遂而發展出這套理論。雖然稱為三民主義，卻可以分成三階段。第一期是三民主義形成期；第二期是部分發展期；第三期則是思想確立期。

確立後的三民主義，其概要應該能總括為成以下內容：首先是民族主義，這是三者中的核心，目標是打倒滿族建立的清代，促使漢族獨立。為了抵抗外國勢力，訴求國內各民族團結的必要性。

接著是民權主義，是為了實現近代民主主義的理論。孫文以主權在民的思想為原則，打算確立立憲共和制。孫文也提出獨特的五權分立的民主主義制度。五權指的是行政、立法、司法三權，加上官員採用制度的考試，以及官員監察制度的監察二權。

民生主義則是為了預防資本主義經濟制度產生矛盾的社會政策，制定

「平均地權」與「節制資本」二種辦法。為了改善經濟不平等，限制少數人操縱土地以及私人獨占資本，重新分配農民土地。

這三個主義原本應該依序達成，不過在完成民主主義革命時，轉而主張必須同時實踐。

《矛盾論》——中國革命聖經

作者（毛澤東）、成書年（一九三七年）

《矛盾論》是讓中國革命成功，建立中華人民共和國的毛澤東所寫。從這個角度來看，或許也能稱為中國革命聖經吧！《矛盾論》源自當時中國共產黨指導者毛澤東在延安抗日政治大學發表的演說內容。一九三七年中日戰爭爆發的期間，為了將馬克思列寧主義重新放入活性的歷史過程中而發表了《實踐論》。不久後所發表的《矛盾論》，其思想較《實踐論》更精煉。

馬克思列寧主義中闡述相互對立的同志透過反覆鬥爭與統一，讓事物得以發展。不過，毛澤東去除發展的要素，認為「矛盾存在於一切事物的發展過程中」。也就是，**自始至終總是存在著矛盾運動。**《矛盾論》中提到「戰爭中的攻守、進退、勝敗都是矛盾著的現象」時，是將馬克思列寧主義轉化成為了戰爭的思想。

必須要留意的是，原本《矛盾論》中作為對立基礎的「對抗」概念，意外地僅被視為一種形式。只要聯想到當時與中國相對抗的日本就能清楚瞭解。毛澤東在整體性的矛盾之中把握日本，進行了抗日戰爭。換言之，眼前的敵人只是面對更大問題的一種形式罷了。

從這個角度來看，**在解讀處於全球化社會的中國動向時，現在依然有影響力的毛澤東主義還是能作為參考。**或許中國只是將與鄰國的對立視為更大範圍的，也就是全球化社會矛盾的一部分。

第4章

中國哲學中的關鍵人物

中國先賢們的思考

孔子

〔西元前五五二年至西元前四七九年〕　**中國哲學之父**

孔子是春秋時代的思想家，也是儒家的始祖。生於魯國，主張重建封建秩序與仁道政治。弟子們組成儒家團體，成為諸子百家時代最龐大的勢力，他們也將老師孔子的言論彙整成《論語》。

孔子死後，孟子、荀子等儒家以及許多受到影響的思想家也陸續登場，到了東漢，甚至出現儒教國教化的現象。**自此之後，儒教便成為中國思想的基石。**

不過，中華人民共和國在文化大革命時，展開了批林批孔運動，也就是批判孔子的運動，孔子因此被貼上宣揚封建主義的惡人之標籤。

後來恢復名譽的孔子，就像可以看到孔子和平獎，在現代中國依舊是凝聚國家的精神支柱，持續擁有至高無上的影響力。

孟子（西元前三七二年？至西元前二八九年）孕育出性善說

孟子是戰國時代的儒學家，在儒教中是僅次於孔子的重要人物，因此也被稱為「孔孟之教」。在彙整其言行的《孟子》一書中主張性善說，以仁義的王道政治為理想。

不過，身處戰亂世代，諸侯們都將孟子過於理想的思想視為不切實際，並不採用，孟子只好致力於學問與教育。

孟子性善說的思想認為人原本就具備良善的芽，只要好好照顧就能成為有德之人。正因為如此，倡導環境的重要。

有幾則故事是關於注重教育的孟子之母。像是為了讓兒子擁有最好的教育環境而搬家三次的「孟母三遷」。無論是否為真，依然會被後來的人穿鑿附會，認為影響孟子日後所主張的性善說。

荀子

（西元前三一三年？至西元前二三八年左右）

孕育出性惡說

荀子是戰國時代晚期的儒學家，仕於齊襄王，從各國招納而來的學者中被推派為「祭酒」一職。晚年甚至做到楚國蘭陵縣的長官。

荀子之所以受到君王們的喜愛，是因為他的思想屬於現實主義。此一點可以從與理想主義的孟子相反、主張性惡說的立場明確窺知。因為人性本惡，所以主張必須以禮規範。

因為以這樣的形式重禮，凸顯出他與孔子、孟子不同的儒家特質。孔子強調以道德為政，也就是德治主義；荀子則重視作為社會規範的禮，提倡禮治主義。

這與他處於愈來愈混亂的戰國時代背景相關。隨後在他門下也催生出重法的法家。

墨子（生卒年不詳，西元前四五〇年至西元前三九〇年左右？）異端的思想家

墨子是戰國時代的思想家，為墨家的始祖。據說出生地為魯國，不過墨子的生平不詳。司馬遷的《史記》中也僅記載墨子或許是春秋戰國時代宋國的高官。

墨子起初似乎學習儒家，不過後來建構出自己的學問，並組成墨家集團。諸子百家中只有儒家和墨家稱為顯學，但是，墨家與秦帝國的成立同時逐漸衰退。

其思想多元，著名的口號為「十論」，其中最廣為人知的是，**完全無差別的博愛主義「兼愛」**，**以及否定侵略戰爭的「非攻」**。

雖是如此，並不是否定戰爭本身，因為也會為了拯救被侵略的小國，自己組織作戰集團。甚至他們堅守城牆的防禦能力，其後成為意謂固守的「墨守」之語源。

老子 〔生卒年不詳〕 傳說的療癒系仙人

老子是春秋戰國時代的思想家，是道家的始祖。之後興起的道教則將老子尊為教祖。老子的稱謂是對偉大人物的尊稱。對其生平有許多疑問，也有人質疑真實性。

老子長年待在周國，但領悟到國家衰敗後，毅然決然地離開。當他抵達國境的關所時，守衛的官吏請老子寫下自己的教義，其時寫下的便是《老子》（《道德經》）。也有一說是此書極有可能出自他人之手。

老子教義的特徵是與儒家相反，否定仁義等道德，宣揚意謂著自然的「道」的存在。認為當自然之道運作時，並不需要仁義之類的道德。

莊子 〔西元前三六九年？至西元前二八六年？〕 達觀的命運肯定論者

莊子是戰國時代道家的思想家。莊子的生平並不明確，不過根據《史記》的記載，他會透過運用寓言的巧妙字句批判其他學派，用詞奔放不羈。

也因為如此，很少諸侯認同他。據說原本楚威王有意派任他為宰相，莊子一副厭惡世俗的態度，自己拒絕了邀約。

莊子的思想可以透過《莊子》一書瞭解。基本上與老子一樣倡導無為自然，否定人為。也因為這樣，他與老子的思想合稱為老莊思想，不過，**莊子的思想可以說是更徹底的達觀主義。**若用一句話形容，應該可以說是無法抵抗命運的命運肯定論吧！

孫武

（西元前五三五年？至卒年不詳）

天才戰略家

孫武是春秋時代的武將、軍事思想家、兵家的代表人物。廣為人知的「孫子」是對他的尊稱，也是兵法著作的書名。

孫武被讀過《孫子》的吳王任命為將軍，實踐自己的思想，也成功展現成果，將吳國推到強國的地位，讓自己的名字舉世聞名。

《孫子》中談到為了「不戰而勝」的短期決戰主義、資訊收集的重要性

等等，帶給毛澤東以及後來的軍事領導者很大的影響。

不僅是軍事研究的教科書，《孫子》也能與《論語》相提並論，可以視為生活態度、商務策略的自我啟發書，是現代商務人士必須拜讀的書籍。

韓非 （西元前二八〇年？至西元前二三三年） 中國法治社會之父

韓非是戰國時代的思想家，也是法家的代表人物。著作《韓非子》原名《韓子》，不過因為唐代詩人韓愈稱為韓子，所以之後普遍稱此書為《韓非子》。韓非子也是一種尊稱。

韓非與後來成為秦國宰相的李斯皆師事荀子，將荀子的以禮規範更進一步推展至「法治主義」。不過，可惜的是，韓非因才華高過李斯而惹來嫉妒，背負莫須有的罪名被迫自殺。

其思想為法家的代表，**徹底主張法先於道德**。當時國家已經無法只靠道德治國，於是作為合理地統治國家的方法，韓非提倡法治主義。其思想也被秦始皇實際採用。

董仲舒〔西元前一七六年？至西元前一〇四年？〕 **儒教國教化的推動者**

董仲舒是西漢時期的儒學者。武帝體現選賢任能時，採用董仲舒所提議的罷黜百家獨尊儒術，使儒學成為官方學術。

因此設置儒教主要經典的五經專家，也就是五經博士，由博士教授各自專門的經學。此外也設立舉「孝廉」的制度，凡是有德之人、學習過儒學，任何人都有當官的機會，為百姓開闢進身仕途之路。**之後開始對以進身仕途為目標者要求儒學修養。**

董仲舒本身也是博士，弟子眾多，據說也曾教過撰寫《史記》的司馬遷。不過官運不順，因為宣揚災異說而被判死罪、左遷，後來雖然被赦免，但也難逃被貶的命運。雖然，每當發生重大問題，朝廷仍會派遣使者詢問董仲舒的意見。

鳩摩羅什

（三四四年至四一三年）

中國佛教發展的布局者

鳩摩羅什是出生於今新疆維吾爾自治區的西域僧人。後秦時代來到長安，漢譯眾多佛典，是對佛教的普及相當有貢獻的譯師。唐代出現《西遊記》三藏法師的原型玄奘，三藏法師是對精通經藏、律藏、論藏等三藏之僧侶的尊稱，而**鳩摩羅什是首位三藏法師**。

對鳩摩羅什的翻譯，雖然有人認為一部分屬於創作、意譯，但還是與玄奘並稱為二大譯聖，甚至與真諦、不空金剛合稱為四大譯師，貢獻良多。廣為人知的翻譯經典包含《大品般若經》、《妙法蓮華經》等等。

另外，早於鳩摩羅什前也曾有佛典的翻譯，稱為古譯；鳩摩羅什的翻譯稱為舊譯；而玄奘的翻譯稱為新譯。

司馬遷

（西元前一四五／一三五年？至西元前八七／八六年？）

中國史的講述者

司馬遷是西漢時代的歷史家，因為撰寫《史記》而聲名大噪。他也參與太初曆的制定。

原本身為歷史家的父親司馬談擔任太史令時計畫編纂史書，卻未如願，後來同樣成為太史令的司馬遷繼承父親遺志，接手《史記》。

但是，漢將李陵降伏匈奴時，因為曾經擁護李陵而遭受宮刑的羞辱。不過，司馬遷認定撰寫《史記》是自己的使命，出獄後發憤撰述，終於完成此一巨作。

完成後的《史記》共一三〇卷，為紀傳體的通史，**此書並非單純記載事實的歷史書，其文學價值也受到很高的評價**。其豐富的人生劇場讓後人愛不釋手。

朱熹 （一一三〇年至一二〇〇年） 另一位中國哲學之父

朱熹是南宋的儒學者，是朱子學的創始者，朱子是對他的尊稱。朱熹當了九年的地方官，僅在中央待四十天，仕途並非順遂。另一方面，朱熹以學者之姿卻留下莫大影響。**他用理這樣普遍的原理連結自己與社會，主張透過自我修養把握「理」，進而維持社會秩序。**倡導「理氣二元論」，即以宇宙根本原理的「理」與形成物質原理的「氣」說明萬物生成的朱子學體系，之後在中國也成為儒學的主流，在日本亦為江戶幕府公認的官學。

著作繁多，其中四書注本的《四書集注》長久成為科舉考試主要的教科書。

陸九淵 （一一三九年至一一九三年） 心靈哲學之父

陸九淵為南宋儒學者、官員，也稱為陸象山，作為朱熹的論敵而聞名。

思想家友人呂祖謙為了調停立場相左的朱熹與陸九淵，進而促進儒學的興盛，舉辦了講學會。

這就是「鵝湖之會」的歷史會談。結果非但沒有讓雙方盡釋前嫌，反而讓彼此的差異更明確，但是，對思想界的發展仍具有正面意義。

陸九淵的思想可用「心即理」點出特徵。相較於朱子學將心分為性與情，也就是理性與感性，主張性才是理的「性即理」，陸九淵則主張心就是理。

陸九淵本身雖然沒有明確的承繼關係，不過其學問仍繼續流傳，後來由明代的王守仁繼承，發展出名為「陸王學」或是「心學」的風潮。

王守仁（一四七二年至一五二九年）　中國哲學最後的反題

王守仁也被稱為王陽明，明代儒學者、官員、武將、陽明學之祖，王守仁發展了陸九淵的思想，認為無心外之理，提倡「心即理」，並批評朱子學，認為只靠讀書無法達到理，**開展出透過工作、日常生活的實踐，向心求理的陽明學**。此即宣揚知識等於實踐的知行合一之思想。

認為作為實踐知行主體的良知，必須充分發揮能力才是學問的意義，也就是致良知的思想。

王守仁主張向自己的心求理，追求自己內在的判斷力，是所有人都可能做到的事，因此認為：「滿街都是聖人」，對推廣儒學成為庶民學問相當有貢獻。另外，他其實也是一名優秀的武將，有三次聞名的軍事行動即為「三征」，後人傳述之。

梁啟超 （一八七三年?至一九二九年） 介紹國外資訊的新聞工作者

梁啟超是清末民初的政治家、新聞工作者。雖然因為醫療疏失而早逝，仍留下許多著作。此外，流亡日本時，也積極地介紹東學——透過日本的視野來看的西方學術給中國。

梁啟超的政治立場以主張「立憲政治」的確立而聞名。雖然，他基本上提倡民族主義，在自己創刊的《新民叢書》等等，主張鼓吹新的國民，提高國民意識的「新民說」、必須有作為集體國民歷史的「新史學」。

由於梁啟超的推動，在一九二〇年到三〇年代，傳統學術被視為國家優點，國學邁入鼎盛期。

孫文 〔一八六六年至一九二五年〕 革命之父

孫文是政治家、革命家、中華民國首任臨時大總統。領導辛亥革命成功而被稱為「中國革命之父」。此外，不僅中華民國（臺灣），在中華人民共和國也被尊稱為「國父」，可以說是很特例的人物。

原本為開業醫生，但在夏威夷成立以救國為目標的興中會之後，對革命之路奉獻生命。因辛亥革命成功而就任中華民國首任臨時大總統。不過，帝政復辟後，一邊過著流亡生活，一邊計畫再次革命。

孫文所提倡的三民主義被視為建設共和國家的革命理論，受到很高的評價，不過他並沒有看到再次革命的契機，留下「革命尚未成功」這句話離世。即使如此，身為思想家的孫文還是深深影響著中國哲學的歷史。

魯迅（一八八一年至一九三六年）革命的文學家

魯迅本名周樹人，是中華民國的小說家、思想家。魯迅生於清代末年，身處中華民國成立、袁世凱的帝政復辟的動盪期，他一邊與那樣的時代拚鬥，一邊醞釀他的思想。

魯迅在二十多歲時赴日本留學，前後待了七年多。當時身為中國人所遭受的歧視、屈辱，日後成為啟蒙中國人精神的動機，**體認面對內在，與內在對決才是革命，進而發表《狂人日記》**。

包含受到毛澤東高度評價的《阿Q正傳》在內，魯迅發表過許多作品，奠定中國近代文學的基礎。魯迅的作品不僅中國，也受到世界各國人的喜愛，甚至成為日本國語教科書中的教材。

毛澤東（一八九三年至一九七六年）中國共產黨之父

毛澤東是中華人民共和國的政治家、思想家。為創立中國共產黨的黨員之一，在中日戰爭後的國共內戰中，將蔣介石率領的中華民國逼退至台灣，建立了中華人民共和國。

身為思想家，憑著《實踐論》與《矛盾論》等優越的論文確立了毛澤東思想，不過，因為企圖將馬克思列寧主義傳入中國社會的相關政策讓功過各半。

因他而起的大躍進政策與文化大革命所造成的文化經濟損失，雖然本人承認錯誤，卻也帶給中國社會難以抹滅的傷害。

不過，毛澤東死後卻被神格化，其肖像高掛於象徵中華人民共和國的天安門廣場。

鄧小平 〔一九〇四年至一九九七年〕 促成中國成為經濟大國的推手

鄧小平是中華人民共和國的政治家。在毛澤東死後從後繼者華國鋒奪取實權，長年立於中華人民共和國實質最高指導者的地位。不過，文化大革命時被毛澤東視為走資派[4]而受挫兩回。

回歸中央政權後，開始著手重建文化大革命所造成的國家損害。**為了在社會主義經濟下導入市場經濟，而喊出「改革開放」的政策。**具體作為是設置經濟特區，允許部分地區導入外資以求經濟成長。由於此政策以提升生產力為第一考量，以「不管白貓黑貓，能捉到老鼠就是好貓」的「白貓黑貓論」為象徵。

鄧小平死後，他所倡導的社會主義市場經濟的理論也作為鄧小平理論，成為中國共產黨的指導思想之一。

汪暉 （一九五九年～） 現代中國全球化的思想家

汪暉是現代中國的思想家，也是清華大學人文學院教授。原本研究魯迅文學，之後轉向思想史研究。以天安門事件為契機，**確立以全球化視點評論現代中國問題的風格而登場於論壇**。之後被稱為新左派，曾任美國哥倫比亞大學、東京大學訪問教授等，是活躍於國際舞台的評論學者。

此外，也是學術雜誌《讀書》的主編，發表活動廣泛，著作也很多，像是《反抗絕望》、《真實的與烏托邦的》、《作為思想空間的現代中國》、《世界歷史中的中國：文革、琉球、西藏》、《汪暉自選集》等。

將二〇〇五年十月起在東京大學舉辦為期半年的講座內容結集成冊的《作為思想空間的現代中國》，算是日本目前能全盤瞭解汪暉思想最適合的翻譯本。

---

4 譯註：為「走資本主義道路的當權派」的簡稱。

第5章

中國哲學中的關鍵用語

有助思考的詞彙

自然

重點——表現原本的樣態

萬物與人皆不是與其他相依相生，是靠自身運作而存在。源自道家作為表達「萬物將自化」的思想用語。像是老子以「我無為，而民自化」表現，**自行變化即為自然**。其後，自然也為其他諸子百家使用。

第一次將自然正式作為主題討論的是王充。他反對由天支配一切的「天人感應論」的想法，認為世界運作皆為自然，因此將一切歸因於運氣。

到了宋朝，「自然」成為說明天、理的概念，像是「天為自然之理」。另外，也開始把自然視為人的道德本性。

不過，明末時慾望也被視為自然，因此如何看待同時包含道德與慾望的自然則成了課題。從正面討論此問題的是清代中期的戴震。他主張唯有慾望與道德相符，自然才得以完成。

最後要談到中國佛教中兩種自然的含意。一個指的是因果報應的必然性，有了行為就會自然產生結果；另一個則相反，用於否定因果，認為自然與因緣不同，認為是在沒有行為之下產生結果。

無論何者，在中國哲學中，「自然」一詞都是各種思想中的重要概念。

—理解現代中國的提示—

與西方重視人為相比，中國之所以重視自然而成萬物，或許可以說源自這樣的自然概念。

心

重點——人的本質

心是從春秋戰國開始就被討論的重要概念。像是提倡性善說的孟子，將心視為與生俱來，含有倫理意涵的。換言之，人原本就具備善良的芽，也就是四端[5]，因此**心也可以說是良心**。

與其相反，提倡性惡說的荀子雖然同樣認為心是與生俱來，卻非良心，而將其視為做出合乎禮儀的行為之價值根源。這就是**心是控制自我**的想法。

道家也談到心，像是莊子認為身體如枯木、心如灰燼才是理想。也就是**心應該保持平靜**。在佛教中探究心的，就數禪宗。禪宗主張心是無化的對象，**即追求讓本該清靜的心去除妄想與執念**。這樣的心才是佛，如同「即心是佛」一詞的含意。

到了宋朝，對探究儒教的士大夫等思想家來說，心成了一大課題。率先明確做出回應的是朱熹。朱熹認為若如佛教所說「即心是佛」，即使心不正也會被視為心正，主張嚴格將性＝理，與心區隔，宣揚**必須藉由性＝理控制心**。

另一方面，陸九淵則提倡宇宙之理與心成為一體的「心即理」，主張性與心相同。明代的王守仁承襲這樣的想法，主張**人的心存在能判斷是非的良知**，這才是心。

—理解現代中國的提示—

西方將心代表理性視為理所當然，中國確實會放大情感的部分，所以

5 譯註：四端為四個源頭，指的是仁、義、禮、智。

中國人才如此重情。

天人感應論

重點——為了抑制統治者的智慧

天人感應論是儒教主張的教義之一，是天與人關係密切，且相互影響的思想。可以回溯至上古商代的「上帝」、周代「天」的觀念。當時人皆認為人、國家全由天所創造。

立基於這樣的發想，西漢儒學者董仲舒主張森羅萬象與人的行為息息相關，像是一年的月份各自對應人體十二節；五行對應主要的五臟；晝夜對應清醒、睡眠的作息。此外他主張人體是全宇宙的縮圖，是小宇宙。

尤其與君主的關係上，董仲舒強調天人感應論，就是從道德的角度評論君主、天會對君主提出警告、天會降下災害與異象。並由此衍生出抑制君主暴政的災異說——皇帝的統治會反映在天文、自然等各種現象。因此，被認為君王行惡政，就會帶來大火、水災、地震、彗星襲來等；行善政，則會出現瑞獸等各種吉兆。

為了防止天地異象、傳染病等的災害，就會要求君主施以善政，那些施政便稱為「德政」。

皇帝之所以相信這種思想，是因為原來就有皇帝的權力來自天命這種信仰，以及受命說的背景。領受天命的皇帝**認知必須代替天，依循天的旨意行政**。

雖然，隨時代更迭，天人感應論成了迷信，淪為占卜領域。甚至遭受東漢王充、唐柳宗元等人的批判，認為人與自然現象毫無關係。

—理解現代中國的提示—

現代社會的中國人之所以服從並非以民主主義選出來的統治者，或許是受到權力來自天命這種想法的影響。

命

重點——天所賦予的命運

西周時期出現作為統治原理的天命觀念，後來演變成表示個人命運的詞彙。因此，起初專用於天所下的命令，之後隨諸子百家的思想家們衍生出各種解釋。

大致可從代表吉凶禍福，也就是命運的「命」，以及意謂道德本性的內在的「命」這兩種面向來談。像是《論語》中提到生死有命，就是將重點放在命運。或是《禮記》提到的「天命之謂性」，因為是代表絕對善的天創造了人，所以天命的道德本性為善。

東漢《孝經援神契》中提倡三命說，也就是壽命等本性的「受命」、善因惡果的「遭命」、善因善果的「隨命」。不過，現實社會不說善因善果。完整說明這點的是佛教因果報應、輪迴轉世的概念，就是說明同時思考前世與來世，必為善因善果。

其後，宋代朱熹將命比喻為君王對臣的命令，這種想法的影響力也延續到清代。不過，朱熹認為這樣的命並非人人相同，形態因人而異。

因此才會出現才能之差或是貧富之差等不同。那麼，為什麼人能跳脫原本的命，變得聰慧、變得富有呢？**那是因為天命賦予的性，可以靠後天改變。**從這點來看，命運並不能改變，而問題在於能否讓所賦予的開花。

—理解現代中國的提示—

或許是命的影響，讓中國人比想像中更能坦然地接受命運。若非如此，也很難整合這麼大的國家吧！

四書五經

重點 儒教的全科目

四書五經是儒教文獻中尤其重要的四書以及五經的總稱。四書指《論語》、《大學》、《中庸》、《孟子》；五經則指《易經》、《書經》、《詩經》、《禮記》、《春秋》。

雖然合稱為四書五經，但五經歷史更悠久，可以說是基本經典。「經」

有縱向絲線的意思，象徵織布時最基本且不會變的部分。雖然也有早於孔子的文獻，不過經孔子之手而後確立。合稱五經是在西漢武帝時設立五經博士這樣的專家制度之後。

五經中有儒家們註解的「傳」，有時更受到重視。事實上，從唐代出現國家公認的五經註解《五經正義》後，包含傳在內的《周易》、《尚書》、《毛詩》、《禮記》、《春秋左氏傳》便被認定為基本文獻。

四書則是《大學》、《中庸》、《論語》、《孟子》四本書籍的總稱。南宋朱熹將《禮記》中的〈大學〉和〈中庸〉獨立成書，和《論語》、《孟子》合稱四書，並定位為學習五經前的入門書籍。朱熹主張依《大學》、《論語》、《孟子》、《中庸》的順序學習。

而朱熹為此四書作注的《四書集注》卻成了當時學習儒學最重要的書目。宋代後期之後，**隨著朱子學興盛，四書比五經更受到重視**，也被指定為科舉科目，甚至合稱為「四書五經」。

—理解現代中國的提示—

雖然目前「四書五經」的學習風潮不再，不過政府官員或是商務人士等有學養的人，還是會引用這些儒教經典中的句子。

性善說與性惡說

重點

信賴關係的基礎

性善說主張人的本性為善，相反的，性惡說則主張人的本性為惡。性指的是天性，就是天賦予人的本質。以這個角度來看，天必然為善，所以性善說似乎較正確。

因此，孟子主張**每個人都生而具備善端**。這裡所說的善端就像善的萌芽。孟子認為人有四種善的萌芽，稱為四端之心，分別是「惻隱之心」——不忍他人陷入苦境的憐憫之心；「羞惡之心」——對不正感到羞恥之心；「辭讓之心」——謙讓之心；「是非之心」——分別善惡之心。

並且認為透過修養讓善萌芽，進而開出仁、義、禮、智四朵德性之花，才能到達聖人或君子的境界。不過，現實社會中惡到處橫行，這該如何說明便成了性善說的課題。

孟子對此課題的回應是，這是因為沒有好好孕育原本具備的善性，並主張孕育善性的教育的必要性。

有別於孟子的性善說，荀子則提出性惡說。**必須留意的是，這裡所指的惡代表人類是脆弱的存在**。由於脆弱，人才會染上惡習，因此需要以禮教化。

當然無法明確指出何者正確。不過，雖然歷史上也有受荀子影響而生的法家，從中國哲學上持續發揮重大影響的儒教流派來看，孟子的性善說似乎較具優勢。在此意義上，或許大多數的中國人較支持性善說。

─理解現代中國的提示─

比起清楚寫上罰則的契約書，中國人更重視人與人的信賴關係。其背景或許源自性善說吧！不過，要在中國建立信賴關係誠屬不易。

陰陽五行說

重點──圖解世界的工具

陰陽是以各種觀點將森羅萬象、宇宙萬物分為陰與陽兩範疇的思想，認為陰與陽是具有相反屬性的兩種氣，萬物生成化滅的變化皆來自這兩種氣。像這樣立基於陰陽的思想、學說，稱為陰陽思想或是陰陽說。

需要留意的是，陰陽思想並非善惡二元論。陽並非善；陰也非惡。陰與陽只是事物的兩種面向，有兩面才能成事。

另外，五行說屬於自然哲學的思想，認為萬物由金、木、水、火、土這五種元素構成。這五種元素會相互影響讓天地萬物產生變化、循環。

這樣的陰陽思想與五行說於戰國時代末期相互結合，合為一體，而有了陰陽五行說的稱呼。透過陰陽思想與五行說的組合，可以說明更複雜的現象。

以陰陽五行說著名的是戰國時代後期的陰陽家鄒衍。鄒衍主張用五氣循環的形式解釋朝代興衰更替，也立基五行說闡述周朝衰退，新王朝到來，稱為五德終始說。

陰陽五行說不只是政治，也被當作分析各種事物的工具。當分析事物時，西方社會通常只觀察日標事物，**陰陽五行說的特徵則是將世界整體納入視野探討其關聯性。**

—理解現代中國的提示—

陰陽五行說現在不只成為東方醫學、占卜的基礎，對中國人來說，或許也如DNA般烙印在身上的獨特分析工具吧！

風水

重點 繁榮的羅盤

風水就是都市、住家、墓地等的位置該如何決定，占卜吉凶禍福的一套理論。風水領域中會把都市、住家稱為陽宅；將墓地稱為陰宅。風水的別名為堪輿或是地理。

風水依其手法主要分為兩大流派。一個是重視地形的形法風水；另一個是重視方位的理法風水。形法風水認為適合在氣流聚集地建造都市或是建物，因為能帶來繁榮；理法風水則會依據個人生年所呈現的吉方和凶方決定方位、位置。

風水的歷史古老，據說起源於殷、周時代的龜甲占卜。當時建設都城時，除了觀察地形外也會占卜決定。西漢、東漢期間，會占卜住宅吉凶、形成禁忌等，逐漸建構出日後理法風水的雛形。

到了六朝、隋、唐時期，也確立了陽宅、陰宅相關的風水術手法，出現風水經典作品《葬書》。在宋代，由於朱熹對風水表示認同，讓風水獲得思想上的後盾。

也因為磁石的發現，開始運用測定方位的羅盤，將風水推展至庶民。之後，除了元代外，各朝都出現許多風水相關的書籍，直至現在仍為中國文化之一。

—理解現代中國的提示—

中國人現在要蓋房子、創立公司時還是很重視風水。或許中國的繁榮都拜風水之賜。

易姓革命

重點——取代上位者的好手段

易姓革命是指王朝更替。據說源自《易經》中「天地革而四時成，湯武革命，順乎天而應乎人，革之時大矣哉」的說法。

易姓如字面所示，就是更改、改變姓氏之意。中國從以前開始就有一個國家由一個姓氏的人治理的想法，所以改姓就是指王朝更替的意思。

而革命是革除、更新天命。中國有「天」讓王代替自己治理凡間的想法。因此，**天判定失德的君王就不該持續治理凡間，會下新的天命，這就是革命的意思**。

不過，革命有兩種：一種是領悟天命，君王自己讓位的禪讓；另一種是以武力討伐的放伐。前者有堯舜交替的例子。堯是中國古代聞名的聖主、賢德之君。取代不肖的兒子，堯將帝位禪讓給同樣是出了名的有德之人舜，在重視儒教的中國社會中被奉為圭臬。

不過，這樣的例子鮮少，多數例子是披著禪讓形式的外衣，卻是為了維護體制強制執行。從這個角度來看，易姓革命論似乎是讓王朝更替正當化的理論。

即使是現代中國，在政治或商務領域上對上位者失去地位，也會引用易姓革命，認為是失德。

——理解現代中國的提示——

中國現在也將易姓革命的概念視為取代無德領導者的權宜之計。反過來說，若能在人事上善加運用這個概念或許也不錯。

萬物齊一

重點——達觀主義的根源

萬物齊一是莊子思想的基礎概念，主張如果從道的觀點來看，萬物的價值皆相同。為了提出這樣的概念，莊子首先提問該如何看待事物的真理。所謂區分就是區別事物，也就是以二分法分析，一般出自人為。不過若是將自己所在的地方稱為這裡、不在的地方稱為那裡，透過自己的移動就能將這裡更換成那裡。換言之，這樣的區別只存在於人，只是一種相對關係。

同樣的，也可以套用在善惡的價值。雖然人可以說出善或惡，不過當立場改變，那些也跟著變動。就像狩獵，對人來說是善，但對動物來說卻為惡。

如此，**脫離人這樣限定的立場，世界就不是二元對立，而是齊一，成了一體**，這就是萬物齊一的發想。為了有這樣的發想，必須去除將事物二分思考的人為，追求無為。

不過，需要留意，此所謂的無並不是與有區分的，因為區別無與有其實又是認同二元對立。應該解釋這樣的無是包含有的無限的概念。

若是無限，就不需要相對性區別。莊子認為這樣的無限才是道。從這點來看，人抵抗什麼都無所謂，因為萬物歸一，換句話說，也就是無法違抗命運。或許中國人的度量源自萬物齊一的達觀。

—理解現代中國的提示—

之所以覺得中國人的性格大剌剌、寬宏大量，或許是受到萬物齊一的影響。

經學

重點——儒教的王道

經學是以儒教經典的經書解釋為中心的學問。西漢武帝時期儒學國教化時，由董仲舒所推展。當時以《詩》、《書》、《禮》、《易》、《春秋》五經為基本經典，分別設置五經博士的專家，促進官方註解的制定。

不過，西漢末年從孔子舊宅發現「古文經傳」，由於與以今文撰寫的內容有所不同，而出現各自擁護者相對立的現象，導致經學分為古文學跟今文學，論爭延燒許久。由於光武帝時採用今文學，促使今文學於東漢佔據優勢。而東漢末年思想家鄭玄統合二者，而使他的經學成為權威。

隋唐時期，經學以《五經正義》的形式成為官方認同的解釋且逐漸固定化。這是唐太宗為了彙整儒家思想所下令的，之後《五經正義》便成了科舉考試的標準。

不過，由於官方公認的註解固定，無可避免地讓經學這門學問出現停滯的問題。直到宋代，經學的解釋才再度成為討論對象。像是宋代的王安石撰寫《周禮》、《書經》、《詩經》三本註釋書，即是《三經新義》，並且加以推廣。

經學最後被熱切討論的是在清初，那時被稱為「清初三大家」的顧炎武、黃宗羲、王夫之等明代遺臣為了抵抗清代而回歸經書解釋。**他們主張**

「經世致用」，即將經書學問中得到的知識運用在社會。到了清末，經學一邊納入其他學問，一邊蛻變成中國固有的「國學」。

——理解現代中國的提示——

如果詢問中國人，中國不勝枚數的思想家中誰是翹楚，通常會得到孔子的回答。從這個角度來看，經學尚為中國人的精神支柱。

朱子學

重點——儒學的升級

朱子學是由南宋朱熹創立的儒教新體系。朱熹承接北宋程頤思想流派，因此也被稱為程朱學。此外，因為標榜聖人之道的學問，所以也被稱為道學；核心在於理的概念，所以也被稱為理學。

朱熹用理這樣普遍的原理連結自己與社會、自己與宇宙，企圖統合自己的修養（修己）與身為士人對社會的作用（治人）。從這個層面來看，朱子學也可以說是**闡述肩負社會責任的士人的生活態度的實踐理論吧！**

朱熹主張的「理」屬於形而上，「氣」屬於形而下，兩者是截然不同之物。不過，因為彼此無法單獨存在，而視為一體，也就是理氣二元論。

從理氣二元論可以導至「性即理」的實踐論。性即理的性，是心處於沉靜的狀態，唯有回到這樣的性，才是修己，而其方法只能透過「居敬窮理」。以居敬的工夫，窮極萬物之理，獲得徹底的知識，完全成為理那樣的人。

這樣的想法作為肩負社會統治的士大夫階層的學問被廣為接受，不過卻突然被視為危險思想。其後又一個逆轉，在元代成為官方認定，作為科舉考試依據的經書註解，而成為國家認可的學術。

眾所皆知，日本的江戶時代將朱子學視為幕府公認的學問，即便是現在，在日本只要提到儒學，除了《論語》外，通常也會想到朱子學。

—理解現代中國的提示—

得知江戶幕府將朱子學視為公認學問的中國人似乎以此為傲，所以這個話題也成了與中國人建立良好關係的契機。

陽明學

重點 ——重視實踐的心的儒學

陽明學是明代王守仁也就是王陽明創立的儒教流派，與朱子學區隔時，會稱心學或是陸王學。

朱子學廣受有學養的科舉官員、士大夫的肯定，但從學問的角度來看，反而淪為形式。而提倡重建道德倫理的就是陽明學。朱子學認為萬物皆存在道德倫理的理，應該藉由心外的理來補足心內的理。

與之相對的王守仁卻認為，內在的理已完備，並不需要外在的理，並回歸陸九淵之學，加以發展後建構出陽明學。「心外無理，心外無物」這句話即為陽明學的概念。也就是，**作為道德的實踐主體干預事物**。王守仁將這樣主體的樣態稱為「心即理」，主張每個人如本性般天生具備那樣的能力。

相較於朱熹的「知先行後」說，注重實踐的王守仁甚至提倡知與行不可分的「知行合一」說，認為知與行相同，因此主張不行動等同不知道。

王守仁晚年完成「致良知」的思想，也就是唯有實踐知行主體的「良知」充分發揮能力，才是學問的意義。這是否定學識的必要性，也是開啟即使無學識，還是能成為聖人之路，讓陽明學推廣至廣大庶民階層。

其後陽明學派以各種形式發展，不過，王守仁本身厭惡學問僵化，因此並無明確分類。後來也傳至日本，因江戶時期的中江藤樹及其弟子熊澤蕃山提倡而廣為人知。

—**理解現代中國的提示**—

中國人似乎比日本人來得更有行動力，重視行動的特性或許來自陽明學中的知行合一。

佛教

重點——孕育中國的外來思想

眾所周知，佛教是源自印度的宗教，但傳到中國後卻有獨特的發展。尤其是**佛教原本將人在世間視為苦，在中國卻因為肯定現實的思想早已根深柢固，轉以獨特的形式接受。**

佛教早於漢代就傳入中國。不過，那時是佛典出現漢譯本之前。針對漢譯佛教經典有功的是四〇一年前往中國的僧侶——鳩摩羅什。當漢譯逐漸推廣後，才終於進入內容研究的階段。

不過，初期是用儒教、老莊思想等用語來理解佛教，此稱為格義佛教。格義佛教雖然有助佛教的理解，卻也出現對佛教內容產生中國式理解的問題。

直到五世紀後才正式研究佛教教理，於隋唐時代統整成天台宗與華嚴宗。天台宗重視內心層面的探究，對較少有這部分著墨的中國思想產生很大的影響。華嚴宗則主張這個現實世界才是佛的世界的理論，與唐朝肯定現實世界相連結。

宋代之後像天台宗、華嚴宗那樣的理論佛教式微，改由禪宗、淨土宗偏向實踐的佛教勢力抬頭。不過，中國的禪宗主張全然肯定現實，只不過是以佛教外衣包裹莊子的達觀主義。淨土宗則主張追求中國思想裡未曾有的「來生」極樂世界，而拓展開來。

其後，中國佛教並無重大變革，但是，透過遣唐使將其傳入日本之後，則催生出鎌倉佛教等革新的佛教。

—理解現代中國的提示—

中國已不能說是佛教之國。不過，面對經濟疲軟的大環境，為了從存錢的執著解放，調整價值觀，佛教似乎又受到矚目。

道教

重點——另一個心的療癒

道教是漢民族的傳統宗教，與儒教、佛教合稱中國三大宗教，也是三教之一。一般認為源自東漢末年的太平道和五斗米道。五斗米道又稱天師道，由北魏寇謙之承繼發展後而成為道教。包含北魏時期，道教在一些朝代也曾為國教。

到了唐代，因為皇帝和老子同姓李，便自稱老子是自己的祖先，因此也讓道教地位優於其他宗教，造成「道先佛後」或是「道先僧後」的現象。甚至將《老子》列為科舉必考科目。

道教的教義原型是期許成為長生不老的仙人，以及以老莊思想的無為自然為目的的道家思想。並且融入儒教、佛教的倫理，以及占卜、五行思想，甚至是迷信、醫術後而成教義。

中國自古就有仙人的觀念。道教思想認為與道家所謂的道合而為一就能成仙。與道家思想的關係，重點就是吸收道的概念，將道家揭櫫萬物之源的道納入神的觀念中，並且視與道的合一為終極目的。

此外，道家的影響也與土神有關，把老子神格化，遵奉為老君或是太上老君。不過，後來主神變成宇宙之道神格化後的元始天尊或太上道君。

修行的目的在於正確的道德生活以及長生不老，因此也會納入不食五穀的「辟穀」、吸取宇宙元氣的呼吸法「道引」、類似冥想的「存思」等特殊概念。

—理解現代中國的提示—

目前中國還是有很多道教信奉者。此外也滲透至文化，所以要理解中國就得先瞭解道教知識。

三教合一

重點——構成中國社會的三部曲

三教是指儒教、佛教、道教，中國的三大宗教。所以三教合一便指這三個宗教的彼此交流、融合。三個宗教並非完全合而為一，而是有人指出三者在中國哲學史上反覆對立，卻時而相互交流，時而提倡同樣教義的說法。以下介紹幾個例子。

由於東晉時期佛教研究未臻成熟，因此以老莊思想為媒介的讓佛教得以開展，稱為格義佛教。格義是將佛教用語替換成老莊思想的用詞加以解釋，因而出現儒教、老莊思想、佛教一致，也就是三教合一的說法。

孫綽是最早提倡三教合一的思想家。他既將儒教聖人以老莊思想的方式解釋，亦認為「周孔即佛，佛即周孔」，提倡儒教與佛教一致。

到了明代，由於提倡陽明學的王守仁所提出的良知說並不拘泥固定框架，較具彈性，因此出現消弭儒、佛、道三教代溝的傾向。到了明末，三教合一的思想更為開展，典型就是被稱為三教先生的林兆恩。他主張三一教，就是即使教義不同，道卻相同。

此外，也被稱為「處事修養篇」的《菜根譚》，也是從儒、佛、道三教合一的立場表述修養、處世教訓的思想書。透過這樣的例子就能清楚瞭解，其實中國不會特別區分宗教的種類，而是截取有幫助的內容。

─理解現代中國的提示─

對中國人來說，如果共產主義是外顯的精神支柱，那麼儒、佛、道三教應該就是實質的精神支柱吧！現在的中國便是由那些交織而成。

士大夫

重點──中國的引領者

士大夫指的是具備儒學教養、富含知識的知識階層。西周、春秋時期，以諸侯為最高位，其下有卿、大夫、士、民的身分階層。春秋中期後，民之中有能力者便可仕進為士。

這裡所說的能力指的是禮、樂、射、御、書、數六藝，甚至有開設教導這些內容的學校，其中包含孔子設立的私塾。就像這樣，士開始能憑藉自己的能力有機會侍奉君主。

後來終於出現透過自修學問對君王提出諫言的士，像這樣具備高度教養與使命感的士，稱為士大夫。**他們以透過自我修養而從政為抱負。**這與儒教主張一致，因此士大夫才會前仆後繼地學習儒教。

漢朝式微，士大夫中開始出現活躍於民間的人才。到了群雄割據的混亂時代，群雄們紛紛聘請這些知識人為軍師，《三國志》中的諸葛亮就是其中之一。

之後隋一統天下，為了改革官僚制度而導入科舉，開始出現知識人等於努力準備科舉的人的觀念。科舉制度確立後，從宋代開始，士大夫的定義逐漸定調成為以當官為目的，努力苦讀參加科舉的人，他們也被稱為讀書人。

不過，並非所有士大夫都能成為中央官員，於是轉而追求活躍於地方，那些人稱為鄉紳。隨著科舉廢止、社會逐漸近代化，士大夫的角色也告一段落。然而，還是能從現在的中國官員中感受到傳統菁英意識。

—理解現代中國的提示—

在官僚社會的中國，能從政府官員中感受到菁英意識，其背景或許源自士大夫受人尊敬的歷史吧！

考據學

重點　博大精深的學問檢視

考據學是進入清代後流行的學問，是明示根據進行論證的學問態度。那樣的態度**以「實事求是」，只依據事實追求真理，或是用「無徵不信」，沒有證據就不採用來作為象徵**。即是統整過往學問，檢視正統性的做法。

中國哲學的歷史中，從春秋戰國時代儒家思想誕生後至明代，以自身的見解自由解釋經書的性理之學相當發達。相對而言，研究經學時，追求依據便成了考據學的源頭。

考據學發端於明末，清代時達到鼎盛。開拓此一風氣的思想家有被稱為「清初三大家」的顧炎武、黃宗羲、王夫之等明代遺臣。他們為抵抗清代而回歸經書解釋。

後來經學、史學的研究變得活絡，伴隨康熙、雍正、乾隆三代的獎勵學問政策，考據學於乾隆、嘉慶年間達到鼎盛，因此這個時代的考據學又被稱為「乾嘉之學」，代表學者包括閻若璩、惠棟、戴震等人。其中惠棟系統的吳派、戴震系統的皖派為考據學兩大流派。

隨著考據學陷入鑽牛角尖，將考據學本身視為目的，開始出現對這種現象感到擔憂的方東樹的《漢學商兌》這樣的書籍，讓朱子學和考據學調和的「漢宋合流」逐漸成為主流。

不過，這也不代表過往的考據學喪失意義，其成果還是成為近代中國古典學──「國學」的基石。

─理解現代中國的提示─

雖然中國人總是被揶揄有著大剌剌的性格，不過有時還是會對他們精關的分析感到驚訝。或許這也跟考據學的傳統有關。

文化大革命

重點——充滿血腥的負面遺產

文化大革命，通稱文革，是中華人民共和國於一九六六年到一九七六年持續發生的社會動亂。正式名稱為無產階級文化大革命。

表面是為了創造新社會主義文化而生的改革運動，其實**只是因為大躍進政策失敗而失去地位的毛澤東煽動人民攻擊政敵，策畫奪回自己政權的權力鬥爭**。卻導致包含知識階層在內，眾多人民受到傷害，造成國內混亂、經濟呈現嚴重停滯、也帶來文化上的破壞。

問題尤其顯著的是學生所組成的紅衛兵。毛澤東的心腹林彪副主席讓紅衛兵煽動批判、打倒反革命勢力，導致那些被視為反革命分子的人全都成為極端崇拜毛澤東的紅衛兵攻擊、迫害的對象，他們有組織的、極其暴力的集體責問橫行整個中國。此外，被視為舊文化象徵的珍貴文化資產也受到破壞。

結果導致紅衛兵失控，就連毛澤東也無法控制，而不得不提倡上山下鄉運動，也就是下放，將都市的紅衛兵移送地方農村，企圖收拾局面。雖然林彪因事故逝世，不過其後仍由江青、張春橋、姚文元、王洪文組成的「四人幫」為中心持續進行文革。

最後，一九七六年毛澤東逝世，沒多久四人幫也遇挫，終於讓文革劃下句點。文革帶來的負面遺產，即使已經過了四十年以上，至今仍拖累著中國人。

—理解現代中國的提示—

文化大革命可以說是一場浩劫，不過確實成為文學、電影的養分，提升中國的藝術層面。

新儒學

重點——新中國的摸索

新儒家是指與西方哲學的關係中，現代化地解釋固有儒學的思想家。在現代華語圈中成為新的潮流。

華語稱為「當代新儒學」，如果直接翻成日文則是「現代新儒學」。朱子學確實也會被稱為新儒學（Neo-Confucianism），所以還是用其他稱呼較為理想。不過，由於英文為New Confucianism，所以日本通常會用新儒學的名稱。

新儒家的思想內容多元，首先應該提出的是，被視為新儒家創始者的熊十力的思想。他在一九三二年發表的《新唯識論》是近代中國首次嘗試獨創的形而上學，堪稱是里程碑的重要作品。

而讓新儒家之名躍上世界，可以說是於一九五八年發表的「當代新儒家」宣言吧！厭惡共產黨控制而逃至香港的四位思想家——張君勱、唐君毅、牟宗三、徐復觀，主張為了中國文化而敬告世人，中國文化有重建的必要性。

這意謂著什麼呢？朝倉友海所著《「東亞無哲學」？》中有明確的說明。也就是儒家要重建中國文化，或許會被理解成對現代化的一種反動，追求封建道德，不過新儒家們真正的主張其實是追求解放人民的道德。

因此他們才會藉由批判共產主義的政治，以及追求批判性思考，企圖

重建中國思想。從這個角度思考，摸索新道路的新儒家的思想中，或許潛藏著孕育新中國的能量吧！

理解現代中國的提示

即使同為華人圈，中國大陸似乎沒有表現出新儒學批判共產主義的部分，所以鮮少人知道新儒學。

第6章

中國哲學的歷史

瞭解中國知識演進的步伐

春秋戰國與秦——中國哲學的誕生

概說

距今兩千多年前，春秋戰國時期的中國正處於群雄割據的時代，諸侯為圖一統天下或是治國，廣招軍師、賢士，而出現眾多思想家集團，也就是諸子百家的現象。可說是中國哲學誕生的時代。其後對中國史產生莫大影響，以孔子為始祖的儒家也是其中之一。

春秋戰國時代指的是西元前七七二年到西元前四八一年的春秋時代，以及接踵至西元前二二一年秦統一天下前的戰國時代。期間中國隨著周朝衰退而陷入十分混亂的狀況。許多封建諸國為了擁有理想的國家建設而相互競爭。

由於競爭而從各地招攬思想家，催生出日後稱為「諸子百家」的眾多思想集團及思想家。這個時期如同中國思想大爆發，產生的眾多思想集團其後都在中國思想史上以各種面貌發展。

雖然說是思想集團，真正以集團活動的似乎只有儒家與墨家。其中儒**家是以孔子為始祖的學派，儒家思想在悠長的中國歷史中始終肩負重要的角色，其影響至今仍持續。**活躍於春秋戰國時期的儒家思想家，除了孔子外，還有以主張性善說聞名的孟子，以及主張性惡說著名的荀子。

儒家思想很難用三言兩語表達，不過，大致可以說其以「禮」為習慣、以「孝」為道德根本、以悲天憫人的「德」中的「仁」為中心的思想吧[6]！其精髓展現在弟子將孔子言論彙整而成的《論語》中。重視「德」的日本優秀經營者們，紛紛將《論語》視為必讀之書，其理由不言而喻。

而墨家的思想是由墨子創立，墨子認為世界的紛擾源自欠缺對他人的

---

6 譯註：也就是悲天憫人的「道德─仁義禮智信」，以及那些道德中的「仁」為中心思想。

愛，因此主張對自己的愛與對他人的愛沒有區別的「兼愛」，並且延伸出否定侵略戰爭的「非攻」。

能與儒家分庭抗禮的是道家。在日本，「道」的思想也廣為人知，是由老子以及之後登場的莊子所確立的學派，合稱老莊思想。

老子的思想是在談論宇宙根源以及世界的生成，與論述現實社會道德的儒家，在某種層面算是相對吧！主張世界根源在於「道」的概念，從道生成萬物，並依循「道」而生的「無為自然」。**對每日汲汲營營，身心俱疲的現代人而言，是很受歡迎的思想。**

接著是獲得商務人士最高評價的兵家思想，代表人物為孫子。**記載於戰略論《孫子》中的兵法也能用於商務策略，似乎具有跨時代的普遍性。**

除此之外，諸子百家中也有立基於陰陽五行說，也就是以構成萬物要素的各種組合進行現象分析，預測吉凶禍福的陰陽家等等。日本在平安時代以後也受到諸多影響，進而形成陰陽道。

戰國時代的最後，由呂不韋所彙整的《呂氏春秋》可以說是各種學問的集大成。據說呂不韋原本想彙整諸子百家思想後，理出一統天下的方針。然而卻止於內容的統整。

不過，這樣的演變應該是某種時代的必然吧！天下逐漸被秦統一，思想似乎也漸漸往一個方向匯集，也就是持續到現代的儒家思想成了主流。

此外，戰國末年，作為道德的「禮」開始出現失靈的情況，於是權力者們開始明訂規則，制定成文法。那時被追求的是法家的思想，像是聞名的商鞅變法，就是以法家商鞅制定的成文法進行國家改革。

透過這個改革，秦終於由始皇帝統一中國。受到始皇帝高度評價的韓非子主張信賞必罰主義，倡導促進法治國家形成的思想。不過，始皇帝卻以焚書坑儒的殘暴手法抹去儒家思想。幸好始皇帝去世後不到十五年，秦朝就滅亡。到了漢代，儒家思想又立刻復興，不過，確實因此讓諸子百家時代劃下句點。

西漢、東漢——儒教的國教化

概說

西漢與東漢期間，必須提到的是儒學宗教化而成儒教，並作為國教的事實。於是儒教取得穩固地位。此外，還有今文學和古文學的論爭，就是起因於文字「新、舊」差異產生的儒學解釋的對立，以及出現日後成為道教元素的諸多宗教等等的特徵。

漢代可分為西漢與東漢。首先是西漢時代。西漢在第五任皇帝漢武帝即位前，為了確立國家體制做了諸多嘗試，到了武帝時期終於施行儒教的國教化。武帝設立太學，也就是在現在的國立大學中設置五經博士。五經是儒家思想核心《易》、《書》、《詩》、《禮》、《春秋》這五部經書，就是經典之意。

這些經書由各個專家，也就是博士進行講學，於是催生出立基於經書的學問──「經學」。其實經書、經學的「經」，指的是縱向絲線的意思，象徵如縱線般貫穿至最後的真理。

儒家思想之所以成為儒教，是因為相較於縱線，被定位為橫線的緯書所產生的影響。緯書是論述經書內容未來會以何種形式呈現的書籍，以此為基礎的學問稱為「讖緯說」。畢竟是預測未來，所以充滿許多神秘內容，於是孔子便逐漸被神格化。

說到活躍於這個時代的思想家，就必須提到對武帝以各種形式進諫的儒家董仲舒。他因為春秋公羊學與災異說而聞名。春秋公羊學是解析《公羊傳》的學問，而《公羊傳》是蘊含孔子精神《春秋》的註解書之一。董仲舒以此試論皇帝權力的依據。

相較於此，災異說是認為天與人屬於連動關係的天人相關說，加上陰陽五行說的思想。套用於皇帝的言行舉止，就有讓皇帝廣施善政的效果。因為皇帝若行暴政就會招致災害。**如此，在中國，皇帝承接天命這種想法**

長久發揮影響。

西漢最知名的思想家就數司馬遷吧！司馬遷與父親司馬談共同完成《史記》這本歷史書而聞名天下。但是，**《史記》並不只是單純客觀的歷史敘述，而是以各種角度綜觀歷史，也加入許多個人意見，或許更應該稱為思想書。**

國教化後的儒教在宣帝時期舉行的石渠閣會議中統整了內容。此會議的用意是解釋經書、決定優劣。於是讓儒教的內容更加精煉。

接續上場的是東漢。東漢是指光武帝復興漢朝後約二百年的期間。承襲儒學國教化，東漢仍是尊崇儒教，甚至被稱為禮教國家，相當重視儒教中的禮教。

東漢時期必須留意的是，今文學與古文學的論爭。今文是指漢代所使用的文字，而古文則是秦代前所使用的文字。起初用的是以今文撰寫而成的經書，不過後來陸續發現古文撰寫的經書，於是出現追究何者才是正確，在解釋上出現對立的情況。

就連政治也被捲入這場對立中，雖然不斷上演一進一退的攻防戰，但最終促使兩者的比較研究，進而出現通曉今文學與古文學，被稱為通儒的學者。後來終於在章帝時召開白虎觀會議，是企圖讓今文學與古文學學者同聚一堂統一解釋的會議。

東漢具代表性的思想家為鄭玄。鄭玄同時學習今文學與古文學，希冀統整二者。當時透過兩方互補的方式解釋，讓經學趨於完備。

除了圍繞儒教的論爭外，這個時期還出現另一個重要轉折，就是出現道教源頭的太平道、五斗米道。隨著東漢社會逐漸混亂使國勢衰退，進而出現黨錮之禍，以此為導火線，各地開始出現包含黃巾之亂在內的民亂。

黃巾之亂是名為太平道的宗教組織的叛亂，同時也出現名為五斗米道的宗教組織。並以這些為源頭，後來催生出能與儒教分庭抗禮的道教。

三國時代、晉、南北朝——老莊思想與佛教的抬頭

概說

三國時代、晉、南北朝時代是中國歷史中複雜糾結的時期，某種層面也可以說是夾在漢與隋唐穩定統一國家間的混亂時代。呼應那樣的混亂時代，有別於漢代居於不動地位的儒教，此時期另外出現其他思想的開展，也就是佛教、老莊思想，以及受老莊思想影響的道教。

在此要對三國時代、晉、南北朝時代做個整理。因為這些時代的思想都有共同點。由於各個時代都有各自的特徵，以下便依時代順序探討。

首先是魏、吳、蜀三國時代與晉朝最初的西晉時代。與漢代不同，儒教已經失去國教的地位，卻仍是最有力的思想，這點並沒有改變。

不過，另一方面，此時期在朝廷菁英中也開始流行老莊思想，甚至出現以老莊思想解釋儒教書籍的風潮。當時《易》、《老子》、《莊子》三書合稱「玄學」，相關的討論稱為清談，帶有虛無言論之意。領導清談的是彙整最古老的《論語》註解書《論語集解》的何晏，以及撰寫最古老《老子》註解書的王弼。

他們都是主張老莊思想中「無」的重要性，成功讓玄學成為補足儒教欠缺的學問。承繼這種思想的是稱為竹林七賢的七位思想家。現在也會把脫離現實，言論灑脫的人這麼形容。不過，他們絕非說話不著邊際的人。由於身處政局不安的亂世中安身，只好一邊飲酒，一邊交流討論罷了。

據說事實上七賢人並非齊聚一堂討論，而是思想上接近才這麼被稱呼。其中最有名的應該是阮籍吧！他認為儒教的教義僅是治標，對老莊思想，尤其是莊子的思想傾心不已。

接續的東晉南北朝的特徵，首推「玄儒文史」，指的是學習玄學、儒教、文學以及歷史。由於玄學在貴族間流行，因此也催生出許多與文學、歷史相關的作品。不過，儒教卻沒有同等發展，當時甚至是透過逐漸開展的佛教思想解釋儒教經典。

此外，這個時代盛行的是稱為格義佛教，也就是以老莊思想為媒介的佛教。格義是將佛教用語改以老莊思想的用語解釋。像是佛教中表示領悟境界的「涅槃」以老莊思想的「無為」解釋；佛教中表示悟者的「菩提」以老莊思想的「道」來解釋。因此儒教、老莊思想、佛教出現合流，也就是三教合一的狀況。

由於這種方式無法正確理解佛教，所以也出現批評格義佛教，倡導應該正確理解佛教的聲音。較有名的是范縝與沈約之間的「神滅不滅論爭」。這是范縝否定因果報應，肉體不在，精神也會消失的「神滅論」，以及沈約提出與其相反的「神不滅論」間的爭論。

拜這場爭論之賜，促進佛教發展，開始出現優秀的佛教徒。其中包含將許多佛典翻譯成中文，傾力協助中國佛教發展的西域僧侶鳩摩羅什。尤其是《大品般若經》、《法華經》等等，對日後的佛教學佔有重要地位。

就像與這樣的佛教發展對抗，道教也在這個時代有了重大發展。道教是道家思想中納入長生不老的神仙等的神仙思想後的產物。東漢末年出現遵奉老子為宗師的新興宗教五斗米道，並**結合從戰國時代開始存在的神仙思想，進而形成道教的骨幹**。從這點來看，必須留意堅持師承老子傳統的道家與道教原本就不同。

道教受到眾多庶民支持，到了北魏甚至出現廢佛，由道教成為國教。於是讓佛教與道教逐漸對立。

隋、唐——科舉與佛教的時代

概說

隋唐時代必須提到的特徵是，後來也長久持續的官員選拔考試——科舉的尊定，以及佛教進入鼎盛期。基本上科舉圍繞著儒教，因此讓儒教思想逐漸僵化。另一方面，佛教則出現新譯等，並以淨土宗、禪宗為中心逐漸大幅成長。

唐代將近三百年，而隋朝卻只有短短的三十年，此外，在思想上也與唐朝相接，因此主要以唐代的動向為觀察中心。不過，隋代有一個重點，是開始嘗試拔擢官員的考試，即是科舉。在此之前皆為世襲制，也就是貴族的子孫都能擔任官員，這樣的制度有可能招致特定勢力威脅政權。於是，隋文帝導入選賢任能的科舉制度。這樣的制度在中國一直持續到清代。

科舉考試要求的就是與儒教相關的知識，而要考試就必須有統一的標準解釋，然而當時儒教解釋卻相當紛亂。尤其是隋末唐初，因為戰亂導致書籍散逸，於是唐太宗李世民命令統一出儒教官方解釋，因而出現《五經正義》一書，就是指《易經》、《詩經》、《書經》、《禮記》、《春秋》這五經的正確解釋。

換言之，儒教也因為解釋的固定而抹去發展的契機。進入唐代中期，又出現儒教改革的古文復興運動。這是為了去除南北朝以來虛無的美文，回復古代樸質之文的文學改革運動，企圖調整引用古典，以四字句或六字句及對仗構成的「四六駢體文」。

事實上，並不只是更改文體，也蘊含重新檢視四六駢體文所象徵的貴族社會這樣的政治意涵。這樣的運動必然帶給整個思想界巨大的影響，而主導運動的代表性思想家之一為韓愈。

韓愈以熱愛儒教卻激烈地批判佛教、道教而聞名。這是因為唐代儒教、佛教、道教雖然相互交流、共存，不過佛教跟道教的發展更興盛，道教甚至備受禮遇。

佛教之所以發展，全是因為朝廷的保護。君王們企圖借用佛教力量凝聚民心，取代弱化權威的儒教。不管理由為何，佛教確實在各種層面都邁入了鼎盛期。

首先是日本人也很熟悉的，三藏法師原型的玄奘受到重用，翻譯印度帶回的佛教經典。相對於原本鳩摩羅什的翻譯，玄奘的新譯成為讓佛教更加發展的契機。

處於各宗派相互競爭的隋唐時期，當時最盛行的是淨土宗跟禪宗。淨土宗在唐代初期受到推崇，理由跟日本相同，**無法切斷煩惱的凡夫，只要念佛就能得到救贖，門檻較低。**

到了唐代中期後，禪宗擁有強大勢力。那是因為直觀地認識真理這點和中國傳統思想共通。這個時代的禪宗，在理論上有所發展，是因為出現北宗禪之祖的神秀與南宗禪之組的慧能兩位高僧，讓兩宗派相互競爭。兩者甚至被稱為「南頓北漸」形成對照，北宗禪認為依序漸次地開悟較為理想；南宗禪則主張頓，也就是直接地、迅速地領悟。

另外也出現以《法華經》為中心，由智顗大師創立的天台宗；來自印度的密教等的發展。日本的僧侶最澄學習前者、空海學習後者各自帶回日本。

關於道教，上文也曾提及，沒有比這個時代更受到禮遇的了。這與皇帝跟老子同姓李相關（老子姓李，名耳），皇帝自稱是老子的後裔。需要留意的是，當時同姓血脈相連，中國特有的同族意識發揮了作用，即使是現代中國，那樣的觀念仍根深柢固。

如此，禮遇道教的方針稱為「道先佛後」或是「道先僧後」。甚至連科舉也將《老子》列為必考科目。老莊思想能與儒家相提並論，至今仍受歡迎的原因，或許也受到歷史背景的影響吧。

宋——朱子學的登場

概說

宋朝是換成百姓當主角，堪稱是中國文藝復興時期。在那樣的時代風潮中，可以看到儒教顯著地發展。也出現了日本江戶時期被德川幕府視作公認學問的朱子學。之後在中國，朱子學也逐漸成為儒教的主流。

如果說唐朝是由貴族支配的中世社會，宋朝就是市民抬頭，邁入近世，也就是文藝復興時期。那時出現不同以往的新文化、思想。讓市民得以翻轉的契機是科舉制度不講門第只論能力，出現許多被稱為士大夫、讀書人、士人的真正知識分子。

相較於唐朝已固定的《五經正義》，知識人轉而尋求更開闊且具實用的知識。像是被拔擢為首都開封太學教授的胡瑗，他除了教授「經義」，還導入政事、國防、水利、曆法等應用性學問「治事」。

當然不只是實用，這個時代儒教也獲得理論上的發展，輩出優秀的思想家。他們的立場被稱為「道學」。**道學就是探究聖人之道，並親身體悟。**代表的思想家有被稱為二程的程顥、程頤兩兄弟。

他們是中國哲學史上首次論述天理，即超乎經驗世界原理的「理」的存在。相對於像陰陽的氣屬於物質性存在，理則屬於理念上的抽象原理。提倡人的本性具備理，此即是「性即理」。

與道學系統相關的偉大思想家就數朱熹，在日本，其尊稱朱子，是德川幕府所公認、採用的朱子學的創始者。不僅日本，當時朱子學的影響力擴及整個東亞地區，其理由是他撰寫了包含《四書集注》在內多元且多量的作品。此外，如同「修己治人」這句話所象徵的，**將學問的目的定位在人格的養成，以及透過實踐貢獻於社會。**

學問上有承接自程頤的「性即理」、理與氣思想的基礎，並加以更嚴謹的手法，讓理氣二元論更洗鍊。換言之，主張作為原理的「理」成為存在規定，並存在著具體的存在物「氣」，所以世上萬物皆由氣構成。

在所有存在中，人可以說比較特殊，他以「心統性情」表現。心是由性與情，即是由理性與感性構成。性的純粹形式稱為「本然之性」，可以理解為善的理想狀態。而被稱為「氣質之性」是理結合氣，用來表達感情。朱熹認為要透過修養努力讓感情不淪為惡。

這樣的學問方法才是內省體察、謹慎思考的「居敬」，徹底探究事物道理的「窮理」。他就是**主張冷靜探究知識的重要性，並以其作為方法論**。

陸九淵可以說與朱熹敵對。他並非如朱熹提倡的「性即理」，將心分為理性與感性，而是主張「心即理」，認為心才是最真實。像陸九淵這樣開創著重在心的主體性的思想，後世稱為心學，並且逐漸成為重大潮流。

相較於如朱子學般衍生出新學問的儒學，這個時代的佛教可以說欲振乏力。只有禪宗由於視自我修養重於信仰，而受到士大夫喜愛。因此臨濟宗、雲門宗有所發展。禪宗也是在這個時期傳入日本。

道教也出現新動向。相較於過往被稱為外丹的修養法，開始出現稱為內丹的方法。外丹指的是鎔解礦物煉製不死藥，內丹則是以內在修養，追求肉體長生與精神的解脫，屬於內在層面。

從這樣的角度來看，很適合作為近世的序幕，也就是新時代的開啟，雖然佛教、道教仍舊無法和儒教相提並論，卻以各自的方式邁向新世界。

元——成為學問標準的朱子學

概說

提到元代就會聯想到蒙古人建立的野蠻國家，不過很多都是偏見。建國初期雖然廢止科舉，知識人仍受到保護，尤其是廣用朱子學。當重啟科舉時，包含之後的朝代在內，朱子學成為科舉的標準。

我們日本人對元代的印象或許是蒙古國、野蠻、與儒教無緣吧！對日本來說，就會想到鎌倉時代的元寇吧！覺得他們不擇手段極盡凶殘。

不過事實似乎不是這樣。起初的確連科舉都廢止，不過到了元代中期又重啟。對知識階層的人完全沒敵意甚至加以保護，並採用行政官僚制度。也似乎積極推廣朱子學，甚至成為官方公認的學問。

其背景與許衡這位思想家的活躍有關。許衡對元代文教政策提出科舉制度、學問改革等等的各種意見。**以科舉制度來說，他企圖革除以往只重視文人的知識，轉而重視身為官員應有的實務能力，強調實用。**於是他推崇的就是朱子學。

因此原本只是民間之學的朱子學，立刻躍上官方地位，不僅變得普及，在往後的朝代也成了學問的標準。

關於朱子學，開始將《大學》視為入門書加以運用的同時，平時則學習《小學》，作為日常道德、修身方法等各方面的基礎。

許衡重視《大學》中的「正心」概念，主張必須有超越民族團結一致的心。《小學》部分，認為是朱熹理論體系所展現的內容，主張實踐那樣的理論才是實踐「道」。如此他成功建構出朱子學超越民族而被共有的基礎。

明——陽明學的衝擊

概說

明代初期朱子學堪稱鼎盛時期，不過後來與朱子學抗衡，承襲心學流派的王守仁的陽明學登場，具有舉足輕重的影響力。此外，基督教傳教士也開始介紹西方思想。

統一明代的洪武帝雖然重用朱子學學者，並採行以儒教為中心的教育政策，卻也同時包容儒教、佛教、道教三教。相較於此，永樂帝不僅命人編撰稱為《永樂大典》的百科全書，還有稱為「永樂三大全」的朱子學體系，極力促進普及。

所以明代初期朱子學被官學化，擁有極大影響力。當朱子學完全滲透後，有學者不再只著重註釋，想純粹探究這門學問，像是被稱為「明初儒學之冠」，帶有明初最卓越儒學家稱號的曹端、薛瑄等人。他們皆致力學習以及實踐朱熹所建構的學問。

由於不景氣導致書籍流通受限，只好自己開拓新角度，此外，也對過往的修養論存疑。於是出現重新評論陸九淵心學的契機。

洞察那樣的氛圍並且集陽明學大成的是王守仁。**王守仁將窮究事物道理的格物，解釋為正心，主張心才是理，也就是真理。**相較朱熹的「知先行後」說，王守仁提倡知與行不可分的「知行合一」說。

知先行後的想法是透過讀書累積知識、窮究道理才有實踐的可能。與此相反，知行合一則認為知與行相同，追求落實所知道的內容，因此不行動等同不知道。

王守仁立基於這樣的知行合一，認為實踐知行的主體是良知，建構出唯有良知充分發揮能力才是學問意義的「致良知」思想。這是否定修養的必要性，可謂開啟了即使沒修養，還是能成為聖人的一條路。

之後陽明學派便以各種形式逐漸發展。不過，王守仁本身厭惡學問僵化，因此並無訂出學統的分類。若以出身、師徒關係來看，則有分成七派之說，以學問內容來看，則有分成二派、三派等等的說法。

其中特別需要提到的是，王學右派和王學左派這兩派的對立。起源於王守仁晚年，弟子王畿和錢德洪的天泉橋證道，對王守仁所提「無善無惡」的解釋相互辯論。

「無善無惡」是立於心為至善的解釋立場，不被心為善惡的既成見解束縛。不過，心外的要素要視為善或是惡，則出現分歧。由於王守仁沒有表明立場，導致弟子二人各自擁護自己的論述，分為兩派。

一切可以說是起因於王守仁所創的陽明學屬於有彈性的學問吧！此

外，不只儒教，這種狀況也影響了佛教跟道教。也就是，由於王守仁的良知說並無拘泥於固定框架，因此出現儒、佛、道融合的傾向。**尤其是在明末延伸出三教合一的思想。**其典型人物應該是被稱為三教先生的林兆恩吧！他提倡即使教義不同，道仍相同的三一教。

關於其他部分，基督教終於在明末時期傳入。耶穌會傳教士利瑪竇宣揚天主教與儒教相吻合的《天主實義》，提倡天主教的天主跟經書的上帝相同，積極佈道。

傳教士們為了順利佈道，也對被稱為士人，具儒教修養的人介紹西方科學。不僅提升中國人的科學知識，也使對社會有實質幫助的實學蓬勃發展。

像這樣的實學稱為西學，有部分知識分子積極努力地吸取內容，他們採用將天主教定位為補足儒學的學問「補儒論」，由於認知到儒學對社會並無十足效益，於是出版介紹西方科學的書籍。不過，尚未展現其成果，明代就滅亡了。

清——考據學的隆盛

概說

清代初期，明代遺臣仍致力於讓儒教符合社會需求。其後則由清代思想上最重要的考據學達到鼎盛。這是透過回溯古典，重新檢視目前普及的學問是否正確。之後連結日後革命時代的公羊學也出現了。

清代特別需要提及的是，被稱為「清初三大家」的顧炎武、黃宗羲、王夫之這三人。甚至可以說清的思想起自這三人，歸於這三人。雖然各有特色，不過也有相通之處，像是**都身為明代遺臣，採取堅決抵抗清代的態度、批評部分陽明學主張肯定私慾的思想**。因為這也是明代滅亡的原因。

擁有廣大領土的清代，為了統治各民族而認同他們各自信奉的宗教，不過仍以儒教為中心。採用立基於朱子學的科舉制度，康熙時甚至自己推廣朱子學，朝廷中形成稱為「理學名臣」的派系。陽明學反而逐漸式微。

之後在清代興起新學問的潮流，就是統整過往學問，驗證正統性的考據學。因為在乾隆、嘉慶年間達到鼎盛，所以那個時代的考據學也稱為「乾嘉之學」。

「乾嘉之學」是針對以經書為中心的古典進行文獻學研究，其中也有提出古文詞章與朱子學體系分歧的學者，以此角度嚴厲批判朱子學的是戴震。

清代末年，因為鴉片戰爭、太平天國之亂等，造成國內不安。在此背景下，讓原本的思想得以復甦，其中具代表性的是公羊學。公羊學是研究五經之一《春秋》註解書的《公羊傳》。而將其作為政治理論、探究孔子真意而變得興盛，在其議論中也醞釀出連結下一世代政治革命的思想。

近代——革命前夜的思想

概說

這裡將鴉片戰爭到中華人民共和國成立為止稱為中國近代時期。鴉片戰爭後，包含孫文在內提倡近代化的思想家們促成了辛亥革命，建立中華民國。期間出現將儒教視為舊思想加以排斥，或是如新儒家，在嶄新的脈絡中尋找存在意義的浪潮。

一般認為有問題的是，要將何時定位為近代？在此依據和晚清重疊，將鴉片戰爭作為起點的看法。在此對自鴉片戰爭到一九四九年中華人民共和國成立為止的思想加以概論。

鴉片戰爭失敗的清代建立了租界，讓西方知識得以流入中國。雖然也出現懂英文的知識分子，但當時依舊重視中國古典教養，因此那些人被視為次等知識人。不過，西方觀點確實促成諸子百家活躍的春秋戰國時期的思想與歐洲思想相互比較，進而檢討的風潮。

後來爆發甲午戰爭，日本獲得勝利。後來將日本勝利歸因於改革的成功，於是出現要求社會制度改革的「變法」論，其代表者為康有為。

康有為將孔子解釋為改革者，主張孔子的精神是落實無差別、不分公私的理想大同社會。**將自由、平等等西方價值融入孔子教義的脈絡中，企圖改革。**在此可窺見其後中國在與西方對抗過程中逐步改革的邏輯原型。主張儒教傳統具備能與西方分庭抗禮的所有要素。

此外也要留意在這個時期中國導入了進化論。像是嚴復翻譯出版過中國最早介紹社會進化論的《天演論》，並獲得廣大迴響。這本書所揭示的優勝劣敗、適者生存等用詞似乎造成流行，不過諷刺的是，只是因為用詞貼切描述當時中國所處的狀況。

由於甲午戰爭的失敗，中國人開始意識到日本。科舉廢止後，學生們並非學習傳統教養，而是學習代表新學問的「新學」，紛紛前往日本留學。

當時日本國內翻譯的西方讀物已累積相當程度，所以中國學生是透過日語的解釋學習西方學問。

一九一九年的五四運動前後，對儒教的批評聲音漸大，讓儒教維持國家意識形態的角色劃下句點。不過，後來再次納入將傳統學術視為國粹，學習領域甚廣的「國學」。一九二〇年到三〇年代由康有為的弟子梁啟超帶領，讓國學達到鼎盛期。梁啟超提倡革新國民，提高國民意識，倡導重新建構群體國民歷史的重要性，並且追求立憲制。

與梁啟超成敵對關係的是革命派。他們以孫文為首，主張打倒專制王朝，建立共和制。孫文在中國同盟會機關報《民報》中揭示民族、民權、民生的三民主義，主張同時進行政治革命與社會革命，並且就任為中華民國首任臨時大總統。

然而，當軍閥領袖袁世凱騙了孫文，成為臨時大總統，開始走向獨裁之路時，孫文便流亡日本。其後中國興起了新文化運動，由陳獨秀創刊的

《青年雜誌》拉開序幕。**陳獨秀批評儒教等中國傳統思想，提倡應該依循民主與科學，全面改造中國文化。**

在這波運動中，胡適等人興起文學革命。也就是提倡修正使用文言文、尊崇古典權威的態度，應該表現出更具個性的情感。其主張也落實在文學作品中，即是在日本也以《狂人日記》等作品廣為人知的魯迅。

之後陳獨秀迅速倒向馬克思主義，在蘇聯派遣的吳廷康[7]等人的指導下，與李大釗等人共同組成中國共產黨，讓中國接受了馬克思主義，建構持續至今的共產主義國家的基礎。

另一方面，也要留意一九二〇年代、三〇年代，馮友蘭、熊十力、梁漱溟等新儒家不斷摸索，企圖建構新哲學體系。他們費盡苦心重新詮釋儒教以作為抵抗西方思想文化的學問。這部分常常拿來與日本企圖摸索出不輸西方的獨特哲學——京都學派相比。

現代——鋪天蓋地襲來的社會主義

概説

在此將中華人民共和國成立至現在為止稱為中國現代，所以可以説幾乎皆為社會主義思想。具體來説，是從引起文化大革命的毛澤東思想到儒教的再評價、鄧小平的社會主義市場經濟的一個過程。

這裡所謂的現代，指的是從中華人民共和國成立後到二十一世紀的現在。一九四九年中華人民共和國成立以來到一九七〇年代為止，儒教受到嚴厲批判。像是一九五三年，毛澤東將梁漱溟視為儒教一員，也就是孔孟之徒，批評他非民主、欠缺自我批判的精神。因為對提倡階級支配[8]的毛澤

7　譯註：原名為格里戈爾伊．納烏莫維奇．維經斯基。
8　譯註：係指無產／勞動階級領導。

東而言，儒教所謂的家父長制是必須推翻的任務。

一九六六年文化大革命揭開序幕。這個運動源自毛澤東企圖掃除復辟資本主義的所有勢力，鞏固個人最高權力。因此將資本主義復辟視為社會基礎的作家、藝術家等都成為徹底清除的對象。

同一時期也可以看到對儒教主張舊風俗、舊習慣、舊思想、舊文化，也就是所謂的「破四舊」，以及一九七四年批判林彪與孔子的「批林批孔」等，將孔子視為反動思想家嚴厲批判。

毛澤東死後，一九七八年中國共產黨才承認文化大革命的錯誤，並於一九八〇年代轉為改革開放政策，才終於在「文化熱」或稱「文化論熱議」的風潮中開始重新評價儒教。

或許會對社會主義與儒教如何兩全存疑，不過**群體意義、道德的重要性，以及重視人治的禮教社會的骨架，卻成功催生出中國獨特的馬克思主義。**

如此，從古代到現代，隨著朝代更迭，儒教反覆成為建構新體制時批判的對象，不過當朝代呈現傾斜時，為了統合人民又需要仰賴其傳統與權威。

反過來說，或許儒教在人民之間的地位難以撼動吧！**無論政治狀況如何，儒家教義如同DNA般，深深烙印在中國人心中。**

改革開放後的中國，雖然是共產主義國家，但導入市場經濟的鄧小平卻提倡「不管白貓黑貓，能捉到老鼠就是好貓」的「白貓黑貓論」，以經濟發展為最優先考量。

因此教育、言論也變得自由，一九八〇年代陳凱歌、張藝謀等電影導演的活躍也讓中國電影登上世界舞台。一九八六年就任黨總書記的胡耀邦響應言論自由，再次提倡「百花齊放、百家爭鳴」。之所以再次提倡，是因為毛澤東也曾提出相同方針，雖然後來撤銷。

當允許言論自由，自然開始出現要求民主化的聲音。達到巔峰是發生於一九八九年六月四日的天安門事件。政府開始對要求民主化而聚集在天安門廣場的民眾無差別射擊。而這樣的事件紀錄卻從歷史上抹去，中國也因此飽受國際社會批評，不過鄧小平加速改革開放的「南巡講話」，在社會主義市場經濟掛帥下，促使經濟出現驚人成長。

思想界部分，在天安門事件過後，從一九九〇年代到現在，不得不提汪暉的活躍。汪暉不僅在中國，甚至把世界視為舞台，以「現代性（Modernity）」的概念分析處於全球化社會的中國處境。正如被稱為新左派，銳利批判新自由主義問題的思想受到全世界的關注。

也有其他活躍的思想家，不過或許接二連三地發生如文化大革命、天安門事件等為思想上帶來負面影響的事件，多少波及到中國思想界。事實上如同汪暉指出，許多優秀人才外流至海外。現在仍處於言論管制中，中國哲學究竟能否在二千多年的知識歷史上留下新的足跡，經濟層面也相同，可以說整個世界都在靜觀其變。

結語　作為可活用的知識——「中國哲學」

我與中國哲學相遇，可以回溯到二十年以上了。當時負責伊藤忠商事的中國市場，被公司派到臺灣學習語文後就留在北京了。當時對中國菁英們在日常生活中活用中國哲學的知識印象深刻。

不只商務領域，就算是日常生活，中國人絕不會將他們的知識結晶如典籍般束之高閣，而是作為可活用的知識，運用在各方面。

雖然中文大致可以溝通，不過那時幾乎沒有相關知識的我，對中國哲學如同烙印在身上，廣泛用於日常生活的他們產生某種憧憬。

這點與日本人大相逕庭，因為我們完全沒想過要在日常中使用日本哲學。從此之後我便對中國哲學著迷，卻始終沒有好好學習的機會。

但是，當我轉任山口大學國際綜合科學部，開始執教鞭時，便下定決心認真鑽研中國哲學。因為我這個學部很重視亞洲，在中國有很多交換留學生，所以對中國哲學有高度需求。

從今年度開始，透過和自己專門領域的西方哲學、日本思想相比較的方式，開設與中國哲學相關的課程。由於聽講者中有很多來自中國和台灣的留學生，所以很幸運地可以真實聽到他們在日常生活中如何融入中國哲學。

此外，我現在在生活中也會意識到中國哲學，有時也會引用故事成語等等，過著如同我之前嚮往的，融入中國哲學的日子。

那種愉悅是筆墨難以形容的。雖然不像孔子，卻每天樂於孜孜不倦學習古老知識，希望獲得些什麼。很希望能與更多人分享那樣的喜悅。

撰寫此書時受到許多人的照顧，尤其要對繼西方哲學篇、日本哲學篇後，這回是第三次企劃，從構想階段到完成都在身旁大力支持我的 PHP

EDITORS GROUP的田畑博文先生表示感謝。

最後再次感謝閱讀本書的所有讀者們。

二〇一七年一月

小川仁志

主要參考、引用文獻

朝倉有海：《「東亞無哲學」？》（東京：岩波書店，2014年）。

石川禎浩：《革命與民族主義 1925-1945》（岩波書店，2010年）。

井之口哲也：《中國思想史　入門》（勁草書房，2012年）。

汪暉著，村田雄二等人譯：《作為思想空間的現代中國》（岩波書店，2006年）。

島田虔次：《朱子學與陽明學》（岩波新書，1967年）。

竹內照夫：《四書五經　中國思想的形成與展開》（平凡社，1965年）。

武田雅哉等人編：《中國文化五十五個關鍵字》（ミネルヴァ社書房，2016年）。

日原利國編：《中國思想辭典》（研文出版，1984年）。

日原利國：《中國思想史（上・下）》（ぺりかん社，1987年）。

丸川哲史：《作為思想課題的現代中國　革命・帝國・黨》（平凡社，2013年）。
Michael Puett and Christine Gross-Loh合著，熊谷淳子譯《正道：中國哲學家論好的生活（*The Path: What Chinese Philosophers Can Teach Us About the Good Life*）》（東京早川書房，2016年）。
溝口雄三等人編：《中國思想文化事典》（東京大學出版會，2001年）。
溝口雄三等人：《中國思想史》（東京大學出版會，2007年）。
諸橋轍次：《中國古典名言事典　座右版》（講談社，1993年）。
森三樹三郎：《中國思想史（上・下）》（第三文明社，1978年）。
湯淺邦弘編著：《諸子百家　儒家・墨家・道家・法家・兵家》（中公新書，2009年）。
湯淺邦弘編著：《概說中國思想史》（MINERVA書房，2010年）。
湯淺邦弘編著：《用名言解讀　中國思想家》（MINERVA書房，2012

年）。
橫山英、中山義弘：《孫文》清水書院，1968年
Chung-Ying Cheng and Nicholas Bunnin, eds., *Contemporary Chinese Philosophy*,Blackwell Publishers, 2002
Herrlee G. Creel, *Chinese Thought: From Confucius to Mao Tse-Tung*, The University of Chicago Press, 1953
Michael Puett and Christine Gross-Loh, *The Path: A New Way to Think About Everything*, Simon & Schuster, 2016
Wen Haiming, *Chinese Philosophy*, Cambridge University Press, 2012

國家圖書館出版品預行編目 (CIP) 資料

洞察人際關係的中國哲學：從哲學史、名著到專門用語，建立理性思考模式的 6 大工具 / 小川仁志著；余亮誾譯 . -- 初版 . -- 新北市：遠足文化，2019.11
譯自：世界のエリートが学んでいる教養としての中国哲学
ISBN 978-986-508-041-9（平裝）

1. 中國哲學

120　　108016721

哲學好用 02

洞察人際關係的中國哲學

從哲學史、名著到專門用語，建立理性思考模式的 6 大工具

世界のエリートが学んでいる教養としての中国哲学

作者——小川仁志
譯者——余亮誾
審定——工藤卓司
執行長——陳蕙慧
總編輯——郭昕詠
校對——渣　渣
行銷總監——李逸文
行銷企劃經理——尹子麟
封面設計——萬亞雰
封面插畫——Chia-Chi Yu / 達姆
排版——簡單瑛設

社長——郭重興
發行人兼
出版總監——曾大福
出版者——遠足文化事業股份有限公司
地址——231 新北市新店區民權路 108-2 號 9 樓
電話——(02)2218-1417
傳真——(02)2218-1142
電郵——service@bookrep.com.tw
郵撥帳號——19504465
客服專線——0800-221-029
網址——http://www.bookrep.com.tw
Facebook——https://www.facebook.com/saikounippon/
法律顧問——華洋法律事務所 蘇文生律師
印製——呈靖彩藝有限公司

初版一刷 西元 2019 年 11 月
Printed in Taiwan